जाति कोई अफ़वाह नहीं

जाति कोई अफ़वाह नहीं

रोहित वेमुला
की ऑनलाइन डायरी

संपादक
निखिला हेनरी

अनुवाद
राजेश कुमार झा

juggernaut

जगरनॉट बुक्स

केएस हाउस, 118 शाहपुर जाट, नई दिल्ली 110049

प्रथम प्रकाशन: जगरनॉट बुक्स 2017

ISBN 9789386228130

टाइपसेट: एपीग्राफ़िक्स एंटरप्राइज़

मुद्रकः: मणिपाल टेक्नोलॉजीज़ लिमिटेड

अनुक्रम

संपादकीय नोट

फेसबुक पर 2015 में रोहित वेमुला मेरा दोस्त बना। लोगों की ज़िंदगी, खासकर हाशिए पर जीने वाले समुदायों के युवकों की ज़िंदगी को प्रभावित करने वाले मुद्दों पर अपनी राय ज़ाहिर करने की उसकी क्षमता उसे दूसरे छात्रों से अलग करती थी। 2008 से लेकर 2016 तक गाज़ा से लेकर गाज़ियाबाद तक शायद ही कोई मुद्दा हो जिसपर वेमुला ने अपनी ऑनलाइन टिप्पणी न दी हो। वेमुला के लेखन में विसंगतियों से भरे इस देश के युवकों के सामने उपस्थित मुद्दों के बारे में एक ताज़गी भरा नज़रिया दिखाई देता है। इस नए भारत के हाशिए पर रहने वाले युवकों की ज़िंदगी का प्रतिनिधित्व करने वाली उसकी आवाज़ स्पष्ट और तेज़ है जो दूसरों से बिलकुल अलग दिखाई देती है। अपने विचारों की इसी विविधता के कारण वेमुला और उसके लेखन को काल क्रमानुसार प्रस्तुत करना मुमकिन नहीं था। मैंने भी उसके लेखन को इस प्रकार समयबद्ध करने की कोशिश नहीं की क्योंकि उसका लेखन सभी सीमाओं को तोड़ता है। रोहित वेमुला के लेखन से न्याय करने के लिए यह आवश्यक है कि हम इसके मूल भाव को उन सांचों में समझने की कोशिश करें जो उसकी जीवन दृष्टि से मेल खाते हैं। रोहित वेमुला के लेखन को

एक जगह करते हुए इस बात का खास कर खयाल रखना ज़रूरी था कि इसकी धार को भोथरा न होने दिया जाए और न ही इसकी लय और संपूर्णता को तोड़ा जाए। मैं उसकी कहानी को अपनी संपूर्णता में प्रस्तुत करना चाहता था। इसी वजह से मैंने शुरुआत उसकी आत्महत्या से की और इसके बाद एक युवा शोध-छात्र और नेता बनने की बात को सामने रखा। मैंने उसकी रचनाओं के हर खंड को ठीक उसी तरह प्रस्तुत करने की कोशिश की है जैसा कि शायद वेमुला खुद चाहता।

मैंने उसकी पोस्ट्स को प्रस्तुत करते हुए इसे कम से कम संपादित किया है। मैंने उसके लेखन में सिर्फ उतना ही जोड़ा है जितना संदर्भों को समझने के लिए आवश्यक था या फिर ऐसा उन पाठकों के लिए किया है जो रोहित वेमुला के बारे में नहीं जानते।

निखिला हेनरी

भूमिका

सितारों की धूल और नर्क की आग

रोहित वेमुला (30 जनवरी, 1989- 17 जनवरी, 2016)

फरवरी 2015 की एक सर्द रात को रोहित वेमुला से मेरी पहली मुलाकात हुई थी। 25 वर्ष का यह युवक हैदराबाद विश्वविद्यालय, जिसे लोग हैदराबाद केंद्रीय विश्वविद्यालय या एचसीयू के नाम से जानते हैं, का एक छात्र था। उस दिन वह छात्रों की एक भीड़ को संबोधित कर रहा था। मुद्दा था- आधुनिक शैक्षणिक संस्थानों में व्याप्त जातीय भेदभाव। उसकी भाषा में एक रवानी थी, आवाज़ में तल्खी से सराबोर व्यंग्य और गहरी हताशा का भाव। उसी स्थान पर आंबेडकर स्टूडेंट्स यूनियन का एक स्याह-सफेद पोस्टर भी लगा हुआ था जिसपर एक नारा लिखा था जो आजकल देशभर के कॉलेजों में गूंज रहा है- 'दलित छात्रों की संस्थागत हत्या'।

17 जनवरी 2016 को जब वेमुला ने आत्महत्या की उस समय वह हैदराबाद विश्वविद्यालय के साइंस टेक्नोलॉजी एंड सोसायटी स्टडीज़ विभाग में पी.एचडी. कर रहा था। 2015 में दिए गए उसके भाषण का प्रवाह उसके आखिरी नोट में भी दिखाई देता है जो

उसकी मृत्यु के बाद सोशल मीडिया पर वायरल हो गया था- 'इंसान की कीमत उसकी फौरी पहचान और निकटतम संभावना तक सीमित हो जाती है। चाहे वह राजनीति हो, गली मुहल्ला हो, उसका जीना हो या उसकी मौत हो, हर जगह वह केवल एक वोट भर रह जाता है, एक सामान। आदमी के साथ कभी उसके मस्तिष्क के आधार पर बर्ताव नहीं किया जाता। मस्तिष्क यानी सितारों की धूल से बनी गौरवशाली वस्तु।'

रोहित वेमुला ने सितारों की धूल के बारे में पहली बार नहीं लिखा था। 27 अक्तूबर 2014 को उसने बड़े ही खुशमिजाज़ लहजे में फेसबुक पर उस वैज्ञानिक सिद्धांत के बारे में लिखा था जिसमें कहा गया था कि मनुष्य का शरीर पानी और रेड जायंट और सुपरनोवा जैसे सितारों से पैदा होने वाले तत्वों से बना है। 'हम सितारों की धूल और ओस की बूंदों से बने हैं। दुनिया में हमें सफलता मिले न मिले, हम अद्भुत हैं क्योंकि हम साधारण नहीं हैं।'

आठ साल के दौरान वेमुला ने काफी कुछ लिखा। अगर आप रोहित वेमुला चक्रवर्ती के जीने की और परिस्थितियों पर हावी होने की बेचैन कोशिश से परिचित हैं तो इस बात से आपको कोई आश्चर्य नहीं होगा।

उनके लेखन की विरासत ऑनलाइन सुरक्षित है। वह फेसबुक

पर खूब लिखा करता था जहां वह गाय से लेकर जाति-व्यवस्था तक अपने विचार व्यक्त करता था। 2008 से शुरू होकर जनवरी 2016 में अपनी आखिरी फेसबुक पोस्ट तक वेमुला एक तूफानी लेकिन ज़िंदगी से भरपूर यात्रा पर था। इस दौरान उसने अपने अंतर्मन की एक ऐसी तस्वीर खींची जिसमें राजनीति, दर्शन, राजनीतिक सक्रियता, शिक्षा जगत, रोमांस और विज्ञान एक दूसरे से गुंथे हुए थे।

उसके शब्दों में एक युवा दलित छात्र नेता के संघर्षों और विकास की कहानी दिखाई देती है जो 20 साल की उम्र में गुंटूर ज़िले में अपनी छोटी-सी ज़िंदगी छोड़कर हैदराबाद केंद्रीय विश्वविद्यालय में दाखिल हुआ। उसका लेखन महज उसके अपने जीवन के बारे में नहीं बल्कि ऐसे अनेक लोगों की ज़िंदगी पर एक टिप्पणी है जिनके लिए जाति के नाम पर किया जानेवाला भेदभाव इतिहास की बात नहीं बल्कि रोज़मर्रा की ज़िंदगी का हिस्सा है। एक ऐसी ज़िंदगी की कहानी जिसके बारे में अपने पोस्ट को वेमुला हमेशा #casteisnotarumour (जाति कोई अफ़वाह नहीं) हैशटैग के साथ लिखा करता था। उसके शब्द आधुनिक भारत में जाति की सच्चाई का एक आइना हैं। उसका लेखन हमें बताता है कि डॉक्टर भीमराव आंबेडकर के आखिरी शब्दों- शिक्षित हो, संघर्ष करो और संगठित हो- को जीने का क्या अर्थ होता है।

वेमुला के शुरुआती ऑनलाइन पोस्ट सच्चे अर्थों में बताते है कि वह क्या बनना चाहता था जबकि उसके बाद के पोस्ट बताते हैं कि उसने अपने आप को क्या स्वरूप दिया। 2008 के अपने फेसबुक पोस्ट में उसने लिखा था, 'रोहित वेमुला के पास जो कुछ भी है वह उससे खुश है...(वह) प्रतिभावान है।' और वह सचमुच प्रतिभाशाली था। 1 जुलाई 2009 को उसने लिखा 'बड़ी दुविधा...मुझे जोखिम उठाना चाहिए या आसान रास्ता चुनना चाहिए।' और उसने हैदराबाद विश्वविद्यालय का छात्र बनने का जोखिम उठाया, आंबेडकरवादी राजनीति में शामिल होने का जोखिम उठाया। वह एक ऐसा छात्र नेता था जिसे शब्दों से गहरा लगाव था। वह विज्ञान में दिलचस्पी रखता था। वह अमेरिकी नक्षत्र वैज्ञानिक, भौतिकशास्त्री और लेखक कार्ल सागान की तरह लिखना चाहता था। उसकी जातीय अस्मिता उसके लिए केंद्रीय महत्व की थी लेकिन उसकी आस्था के कई अन्य छोर भी थे। उसने मानवतावाद से शुरुआत की थी और फिर मार्क्सवादी विचारधारा में शामिल हुआ। आखिर में वह आंबेडकराइट हो गया लेकिन मार्क्सवाद और समाजवाद से उसका लगाव बरकरार रहा। यह उसकी स्वयं को खोजने की एक लंबी यात्रा थी। उसके लेखन के साथ चलना अपने आप में एक दुस्साहसपूर्ण यात्रा से कम नहीं है। इस यात्रा के दौरान उसके लेखन

में किसी को नहीं बख्शने वाला व्यंग्य दिखाई देता है। उसका किशोरवय लड़के जैसा खिलंदड़ापन हमें अचंभे में डालता रहता है। गायिका श्रेया घोषाल के गीतों के लिए उसके प्यार, बियोंसे, माइकल जैक्सन तथा एआर रहमान के बारे में उसके पोस्ट उसके व्यक्तित्व के रूमानी पहलू को सामने लाते हैं। जब वह शराब, सिगरेट और प्यार के बारे में मस्ती भरी बातें लिखता है तो आप भी उसके साथ खिलखिलाने को मजबूर हो जाते हैं। उसकी कविताओं में क्रांतिकारी लेखक का अक्स दिखाई देता है। उसके नोट्स के आखिर में लाल सलाम को पढ़ते हुए हम सोचने लगते हैं कि आखिरकार वह आंबेडकराइट क्यों और कैसे बना जब उसने अपने अंतिम नोट में लिखा- आखिरी बार फिर से जय भीम।

धर्मनिरपेक्षता, राष्ट्रवाद और देशभक्ति के बारे में वेमुला की आलोचनाओं को पढ़ते हुए हम समझ पाते हैं कि मध्यवर्गीय छिछलेपन के प्रभुत्व वाली इस दुनिया में उसे राष्ट्र-विरोधी क्यों कहा गया। वेमुला भारत की वामपंथी पार्टियों और आंदोलनों की हृदयहीनता एवं व्यर्थता के बारे में लिखता है। उसकी आलोचना को पढ़ने के बाद ही हम समझ पाते हैं कि हाशिए पर रहने वाले समुदायों के युवकों के लिए वह किस प्रकार एक प्रेरणा प्रतीक बन गया। भारत में दक्षिणपंथ की तीखी आलोचना में उसकी राजनीतिक व्यथा

का पहला और ताज़गी भरा स्वर दिखाई देता है। बाद में भारत के अनेक विश्वविद्यालयों में यही शोर सुनाई दिया। जब वेमुला 'नीले आसमान में लाल सूरज' की कल्पना करता है तो हम समझ सकते हैं कि क्यों उसने संशय के साथ एक आंबेडकरी क्रांति का सपना देखा था, जो समाजवादी भी है। वेमुला के पास बहुत सारे सवाल थे जिनमें से अधिकांश के लिए उसके पास जवाब भी थे। कई बार वह रात में 11.30 से लेकर सुबह 3 बजे तक तक बिना थके लिखता रहता था।

वेमुला सिर्फ एक लेखक ही नहीं था। उसका लेखन भारत के युवा-विद्रोह के भविष्य का एक दस्तावेज़ भी था। वेमुला ने लिखा 'हिंदुत्व का विचार एक ज़हरीला भोजन है। धर्मनिरपेक्षता एक ऐसा अंडा जो आधा सड़ा है तो आधा अच्छा ।' और वह इस बात में यकीन भी करता था।

केंद्रीय मंत्री बंडारू दत्तात्रेय ने मानव संसाधन विकास मंत्रालय को लिखे पत्र में जिन छात्रों को 'जातिवादी, चरमपंथी तथा राष्ट्र-विरोधी' कहा था उनमें रोहित वेमुला भी शामिल था। इतने गंभीर आरोप लगाए जाने के बाद भी 13 दिसंबर 2015 को रोहित वेमुला ने लिखा- 'जो लोग गाय को अपनी मां मानते हैं और गाय का मांस खाने वाले लोगों की हत्या करते हैं उन्हें तुरंत देश के लिए खतरा

घोषित कर दिया जाना चाहिए और मानसिक अस्पताल में भरती कर देना चाहिए। अगर किसी संगठित आंदोलन ने इन गौ-दलों की तरह हत्याएं की होतीं तो उन संगठनों को अबतक आतंकवादी संगठन घोषित कर दिया गया होता।'

वह निडर था। व्यंग्य और कटाक्ष से भरपूर उसका लेखन किसी को बख्शता नहीं था, भले ही वह कितना भी शक्तिशाली क्यों न हो। 26 मई 2015 को उसने प्रधानमंत्री नरेंद्र मोदी के बारे में लिखा, 'मुसोलिनी की राह पर चलते हुए, भारत का यह पागल उसकी अपेक्षाओं को पूरा कर रहा है।' सत्ता और शक्तिशाली व्यक्तियों के बारे में बेबाक और निडर राय ही वेमुला को वेमुला बनाती है- एक युवा सितारा जो इस अन्यायपूर्ण दुनिया से लोहा लेने को तैयार था।

वेमुला की राजनीतिक टिप्पणियों में हमें वंचित वर्गों के उन छात्रों के सपनों में झांकने का मौका मिलता है जो आज के भारत में हर रोज़ भेदभाव झेलने को मजबूर होते हैं। उसके शब्द एक युवा दलित द्वारा इस देश की वास्तविकताओं की आलोचना प्रस्तुत करते हैं। 15 अगस्त 2015 को उसने लिखा: 'एक और स्वतंत्रता दिवस आया और हमारे अभावपूर्ण जीवन को हल्के से गुदगुदा कर चला गया लेकिन हमें 'भारतीय होने पर गर्व करना चाहिए'। आज़ादी के 67 साल बाद भी हमारे बीच वर्गभेद और जातिभेद बरकरार है लेकिन

हमें 'अपने देश से प्यार करना चाहिए'।'

इसमें कोई संदेह नहीं कि वेमुला एक विवादास्पद व्यक्तित्व था। लेकिन समाज के हाशिए पर जीने वाले युवक के लिए तो ज़िंदगी हर पल एक दुस्साहसपूर्ण तथा जोखिम से भरी चीज़ होती है। वेमुला की आत्महत्या के बाद हज़ारों अलग-अलग युवा स्वर देश भर में गूंज उठे।

लेकिन आज़ाद खयालों वाला यह युवक बेड़ियों से जकड़ा हुआ था जिनके वज़न को वह आखिरकार सह नहीं सका। उसके साथ मेरी आखिरी बातचीत में उसकी इन्हीं बेड़ियों की आवाज़ साफ सुनाई दे रही थी जिसका वह अंत में शिकार बना। मेरी यह बातचीत देर रात को हुई थी। हमेशा की तरह वेमुला जगा हुआ था और बेतहाशा उन सभी मुद्दों पर लिख रहा था जो उसके लिए महत्व रखती थीं। अपनी मृत्यु के करीब एक महीन पहले 18 दिसंबर 2015 को रोहित ने फेसबुक चैट के दौरान लिखा, 'हम एक विरोध प्रदर्शन की योजना बना रहे हैं जिसमें दलित शोधछात्रों के लिए स्वेच्छा मृत्यु की मांग की जाएगी।' उसी दिन उसने हैदराबाद विश्वविद्यालय के वाइस चांसलर को एक नोट भेजा जिसमें इस बात का उल्लेख था। एक प्रतिष्ठित शैक्षणिक संस्थान में अन्यायपूर्ण सामाजिक व्यवस्था के इस चक्रव्यूह से बाहर निकलने की उसकी इस आखिरी कोशिश

के बारे में दुनिया को उसकी मौत के बाद ही जानकारी मिल पाई। वेमुला आखिरी दम तक संघर्ष करता रहा। उसका व्यक्तिगत और सामूहिक संघर्ष उसके लेखन में दिखाई देता है जिसे यहां संकलित किया गया है।

मुझे लगता है कि वेमुला केवल सितारों की धूल और ओस की बूंदों से नहीं बना था। वह तो एक चिन्गारी था। उसकी पैदा की हुई चिन्गारी ने एक ऐसी आग को जन्म दिया जिसने इस देश को अपने आगोश में लेकर इसके विवेक को झिंझोड़ कर रख दिया। उसके जीवन दर्शन की उड़ान बहुत ही ऊंची थी: 'मेरा असली मकसद है उच्च वर्ग की झूठी प्रगतिशीलता की कलई खोलना जो वर्ग, जाति और जेंडर की शोषक संरचनाओं से बेशर्म होकर अपना संबंध बरकरार रखता है...(मेरी योजना है) मैं सांस्कृतिक आक्रामकता और सांप्रदायिक राजनीति के परस्पर लाभकारी संबंध के ख़िलाफ़ संघर्ष करना चाहता हूं ताकि मैं जनता के साधारण तबके तथा द्रविड़ इतिहास को लोकप्रिय बना सकूं। मैं आज़ादी की बेतहाशा खुशी के बीच क्रांतिकारी यथार्थवाद का नारा बुलंद करना चाहता हूं। मार्क्सवाद से गढ़ी गई अपनी बुनियादी विश्व-दृष्टि के साथ मैं एक ऐसे समाज का सपना देखता हूं और उसके लिए काम करता हूं जिसकी कल्पना बाबासाहेब ने हमेशा की थी।'

इस देश ने भेदभाव और अपने अधिकारों की लड़ाई के सामने हमेशा अपनी आंखें मूंद रखी हैं । वेमुला के शब्द हमारे लिए एक कसौटी की तरह उपस्थित होते हैं।

1

अंतिम यात्रा

17 जनवरी 2016 को वेमुला की मृत्यु के बाद यह सब केवल एक विषादपूर्ण घटनाक्रम के ब्योरे में बदल गया। रोहित वेमुला और उसके चार साथियों को हैदराबाद विश्वविद्यालय से पहले एक सेमेस्टर के लिए निलंबित किया गया और बाद में उन्हें विश्वविद्यालय के होस्टल से निष्कासित कर दिया गया। लेकिन अपने और चार अन्य दलित साथियों के लिए न्याय हासिल करने की 26 साल के रोहित वेमुला की कहानी इतनी निराशा के साथ शुरू नहीं हुई थी। रोहित वेमुला की मृत्यु के बाद हैदराबाद विश्वविद्यालय तथा जवाहरलाल नेहरू विश्वविद्यालय (जेएनयू) में जो अशांति पैदा हुई उसके बहुत पहले वेमुला ने शैक्षणिक जगत पर कब्ज़ा करने की राज्य संचालित नीति का अनुमान लगा लिया था। वह अनेक संघर्षों में इसके ख़िलाफ़ हंसी-मज़ाक करता, आंदोलन में शामिल होता और इनके बारे में अध्ययन करता रहा था।

आइए सबसे पहले हम हैदराबाद विश्वविद्यालय के घटनाक्रम को देखें। 30 जुलाई 2015 को कुछ छात्रों ने 1993 के मुंबई के सिलसिलेवार बम धमाकों के आरोपी याकूब मेमन को फांसी की सज़ा दिए जाने के ख़िलाफ़ नमाज़-ए-जनाज़ा आयोजित की। उनका मानना था कि मेमन को गलत तरीके से

सज़ा दी गई थी। इसके एक दिन पहले आंबेडकर स्टूडेंट्स एसोसिएशन ने भी मृत्युदंड के ख़िलाफ़ एक विरोध प्रदर्शन आयोजित किया था। वेमुला आंबेडकर स्टूडेंट्स एसोसिएशन का एक सदस्य था। 3 अगस्त 2015 को आंबेडकर स्टूडेंट्स एसोसिएशन ने दिल्ली विश्वविद्यालय में मुज़फ्फरनगर बाकी है फिल्म के प्रदर्शन के दौरान अखिल भारतीय विद्यार्थी परिषद (एबीवीपी) द्वारा किए गए हमले के ख़िलाफ़ विरोध प्रदर्शन किया था। उस रात अखिल भारतीय विद्यार्थी परिषद की हैदराबाद विश्वविद्यालय इकाई के सदस्य सुशील कुमार ने फेसबुक पर आंबेडकर स्टूडेंट्स एसोसिएशन के छात्रों को गुंडा कहा था। 4 अगस्त की रात करीब 1 बजे वेमुला सहित छात्रों के एक गुट ने सुशील कुमार से अपनी फेसबुक पोस्ट के लिए माफी मांगने को कहा जिसके बाद उनके बीच झगड़ा हुआ। अखिल भारतीय विद्यार्थी परिषद के नेता ने आरोप लगाया कि आंबेडकर स्टूडेंट्स एसोसिएशन के छात्रों ने उनके साथ मारपीट की है। उसे एक अस्पताल में भरती करवाया गया और पुलिस में शिकायत भी दर्ज करवाई गई। 31 अगस्त 2015 को हैदराबाद विश्वविद्यालय ने रोहित वेमुला सहित 5 दलित शोध छात्रों को एक सेमेस्टर के लिए विश्वविद्यालय से निलंबित कर दिया।

छात्रों ने इसका विरोध किया। इसके बाद निलंबन को वापस ले लिया गया और हैदराबाद विश्वविद्यालय ने इस घटना की जांच का भरोसा दिलाया। विस्तृत रिपोर्ट आने के बाद 16 दिसंबर 2015 को प्रशासन ने उन पांच छात्रों को होस्टल से निष्कासित कर दिया। कैंपस के अंदर सार्वजनिक स्थान पर उनके इकट्ठा होने पर भी रोक लगा दी गई। उन्होंने 3 जनवरी 2016 को होस्टल छोड़ दिया और विश्वविद्यालय के शॉपिंग कॉम्प्लेक्स के सामने खाली जगह में जाकर सोने लगे। 17 जनवरी को रोहित वेमुला ने हैदराबाद विश्वविद्यालय के न्यू रिसर्च स्कॉलर्स होस्टल के एक कमरे में पंखे से लटक कर आत्महत्या कर ली। इस घटना के बाद छात्र समुदाय विरोध प्रदर्शन करने लगा जिसके समर्थन में कई अन्य स्थानों पर भी विरोध प्रदर्शन शुरू हो गए। देश भर में अनेक शैक्षणिक संस्थानों के हज़ारों छात्र और युवक सड़कों पर उतर आए।

इन महीनों के दौरान वेमुला के पोस्ट बेलौस और कटाक्ष से भरे हुए थे। उसने साफ शब्दों में लिखा कि वह याकूब मेमन की फांसी और मृत्युदंड के ख़िलाफ़ क्यों है। उसने 'कैंपसों को सांप्रदायिक रंग में रंगने' के बारे में काफी कुछ लिखा। उसने 'भारतीय वामपंथ की हृदयहीनता' और 'हिंदुत्ववादी ताकतों के

उभार' के बारे में भी लिखा। इस खंड में शामिल वेमुला के चुने हुए लेखन याकूब मेमन की फांसी के पहले 23 जुलाई 2015 से शुरू होते हैं और जनवरी 2016 में समाप्त होते हैं।

वेमुला के अंतिम 16 दिन, जो विरोध प्रदर्शन करते हुए बीते, ज़्यादातर तनावमुक्त दिखाई देते हैं। इस खंड में उन 16 दिनों के दौरान उसके विचारों को भी शामिल किया गया है।

i) आख़िरी लड़ाई

18 दिसंबर 2015

हम इस बात को स्वीकार करते हैं कि कैंपस में घूमते-फिरते, आंबेडकर के बारे में बातें करते और हिंदुत्व का प्रतिरोध करते दलित छात्र हैदराबाद विश्वविद्यालय प्रशासन को नहीं पचते और उन्हें यह मंजूर नहीं। हमें गर्व होता अगर वाइस चांसलर ने हमें बताया होता कि हमें इसलिए निलंबित किया गया है क्योंकि हमने पिछले सप्ताह आंबेडकर जयंती तथा बाबरी मस्जिद विध्वंस के अवसर पर सभाएं आयोजित कीं और बीफ फेस्टिवल (समारोह) मनाया। खैर, ऐसा पहली बार नहीं हुआ है। देश भर में दलितों ने जब भी अपनी आवाज़ उठाई है और इसके लिए आयोजन किए हैं तो उन्हें चालाकी से दबाया जाता रहा है। इसके कई उदाहरण हैं जैसे कि सुंदुरू मामले

में कोर्ट का फैसला (1991में आंध्रप्रदेश के सुंदरू में हुए जनसंहार में आरोपियों को निरपराध घोषित किया जाना। यहां 13 दलितों की हत्या हुई थी। - संपादक) इनसे यह साबित होता है कि शोषित समुदायों के लिए स्थानीय या राष्ट्रीय स्तर पर न्याय मिल पाना संभव नहीं। झूठे और मक्कार लोग आज भले ही हैदराबाद विश्वविद्यालय में जीत जाएं लेकिन सच्चाई को वे कभी झुठला नहीं पाएंगे। यह क्रिसमस का महीना है और इस मौसम में पुनर्जीवित होने की संभावना कहीं ज़्यादा रहती है। जय भीम!

23 जुलाई 2015

राजसत्ता के पास किसी को फांसी पर चढ़ाने का अधिकार नहीं होना चाहिए, खासकर जब राजसत्ता ब्राह्मणवादी हो।

26 जुलाई 2015

मरना या मारना किसी भी तरह से गौरव की बात नहीं। 21वीं सदी में युद्ध या मौत का जश्न मनाने का कोई मतलब नहीं। अगर हमें सिर्फ मारने की कला आती है तो यह एक अभिशाप है।

29 जुलाई 2015

याकूब मेमन को फांसी की सज़ा के सिलसिले में

मृत्युदंड के ख़िलाफ़

प्रतिरोध सभा में हमारे साथ शामिल हों

समय- शाम 7.30 बजे। दिनांक- 29.7.2015

स्थान- शॉपिंग कॉम्प्लेक्स

आंबेडकर स्टूडेंट्स एसोसिएशन

30 जुलाई 2015

खून के प्यासे राष्ट्रवाद ने एक और ज़िंदगी खत्म कर दी- याकूब मेमन की। माननीय राष्ट्रपति महोदय ने इस बार दोगुनी उपलब्धियां हासिल की हैं। अगर सज़ायाफ्ता लोगों को हम केवल मृत्युदंड ही दे सकते हैं तो हमें अपने को लोकतांत्रिक देश कहना बंद कर देना चाहिए।

भारत, तुम्हारे हाथ खून से सने हैं।

'मेमन' और 'मेनन' के बीच एक मौत की सज़ा का फर्क है। [मेनन केरल में ऊंची जाति के हिंदुओं की उपाधि होती है- संपादक]

हिंदू राष्ट्र!

1 अगस्त 2015

राष्ट्रीय स्वयंसेवक संघ द्वारा समर्थित अखिल भारतीय विद्यार्थी परिषद ने 'मुज़फ्फरनगर बाकी है' फिल्म के प्रदर्शन के दौरान हमला किया।

हर ज़ोर जुल्म के टक्कर में संघर्ष हमारा नारा है
और जब तक लोगों में एकता रहे, कभी ना हार सकते।

5 अगस्त 2015

किसी ने आंबेडकरियों को 'गुंडा' कहा और हैदराबाद विश्वविद्यालय की पूरी एबीवीपी इसके पक्ष में खड़ी है। वैसे तो मैं विज्ञान का छात्र हूं लेकिन मुझे इतिहास की भी थोड़ी जानकारी है। मुझे हिंसा की इन घटनाओं के बारे में पता है। ये तो बस वे घटनाएं हैं जिनके बारे में लोगों को पता चला है। इसके अलावा सैकड़ों ऐसी हत्याएं हुई हैं जिनके बारे में किसी को पता नहीं। लोगों पर हमले तो आज भी जारी हैं।

आप ही मुझे बताइए कि मैं एबीवीपी को क्यों बर्दाश्त करूं जो जाति पर आधारित हिंसा, हिंदुत्व की विचारधारा और दलित विरोधी गतिविधियों का प्रचार करती है? अगर आंबेडकर ने कभी किसी बात पर ज़ोर दिया है तो वह एबीवीपी जैसे समूहों को समाप्त करने के बारे में है।

'अगर देश में कभी हिंदू राज स्थापित होता है तो यह सबसे विनाशकारी होगा। हिंदू भले ही कुछ भी कहें, इससे इस बात पर कोई फर्क नहीं पड़ता कि हिंदू धर्म स्वतंत्रता, समानता और भाईचारे का दुश्मन है। इसलिए यह लोकतंत्र का भी दुश्मन है। हमें हिंदू राज आने से रोकने के लिए कोई कोर कसर नहीं छोड़नी चाहिए।'
आंबेडकर

अत्याचारों की सूची:

1. करमचेदु: प्रकाशम ज़िला। 17 जुलाई 1995: 9 दलितों की हत्या
2. नीरूकोंडा: गुंटुर। 15 जुलाई 1987: 1 दलित
3. गुडियाडा: विजयनगरम। 20 जुलाई 1987: 1 दलित
4. चिराला: प्रकाशम। 13 अगस्त 1987, अलिसम्मा की हत्या
5. बंदलापल्ली: चित्तूर। 27 अगस्त 1987: 4 दलितों की छुरा भोंककर हत्या
6. कोडावतिकल्लू: कृष्णा। 2 फरवरी 1988: 1 दलित
7. बीरनाकल्लू: नेल्लोर। 19 जनवरी 1989: 1 दलित
8. गोकरजूपल्ली: कृष्णा। 16 जनवरी 1989: 1 दलित
9. तंगूतुर: प्रकाशम। 27 अप्रैल 1989: दलित महिला से बलात्कार, ज़िंदा जलाया गया।

10. जाभरगुडेम: रंगारेड्डी। 27 अप्रेल 1989: 1 दलित
11. पिप्पारा: पश्चिम गोदावरी। 4 जून 1989: 1 दलित
12. चिनाकाडा: विजयानगरम। 31 जुलाई 1989: 4 आदिवासी
13. नक्कलमपेटा: कृष्णा। 19 मार्च 1990: 2 दलित
14. गुटलापाडु: पश्चिम गोदावरी। 19 मई 1990: 2 दलित
15. कोठपुलावंडुलापल्ली: अनन्तपुर, 6 जून 1990: 1 दलित की जलाकर हत्या
16. वेटलापालेम: पूर्वी गोदावरी। 100 दलित घरों को जलाया गया
17. कस्पा गडबावलसा: विजयनगरम। 22 नवंबर 1990: 4 आदिवासी और 1 दलित
18. मूदुरपल्ली: कुरनुल, 18 मार्च 1991: ज़मींदारों द्वारा दलित मज़दूर की पीट पीटकर हत्या
19. सुंदुर: गुंटुर, 6 अगस्त 1991: 17 दलितों का कत्लेआम करके, उनकी लाश के टुकड़े - टुकड़े कर बोरी में भरकर नदी में फेंक दिया गया
20. शिरडी, 22 मई 2015: एक दलित युवक की पीट पीट कर हत्या क्योंकि उसने अपने फोन में आंबेडकर पर एक गाना रिंगटोन में लगा रखा था
21. लक्ष्मणपुर बाथे: 1 दिसंबर 1997। बिहार: 58 दलितों की

हिंदुत्ववादी भीड़ द्वारा हत्या

22. खैरलांजी: महाराष्ट्र। 29 सितंबर 2006: दलित परिवार की हत्या। मां और बेटी को नंगा कर घुमाया गया, उनके साथ सामूहिक बलात्कार और फिर हत्या। 4 मौतें।

5 अगस्त 2015

[4 अगस्त को वेमुला, कुमार और दूसरे छात्रों के बीच हाथापाई के बारे में। -संपादक]

अगर मामला याकूब मेमन की फांसी से संबंधित था तो एबीवीपी के अध्यक्ष ने आंबेडकर स्टूडेंट्स एसोसिएशन के बारे में इतने दिनों बाद ऐसी गंदी पोस्ट क्यों डाली? उसने यह स्वीकार क्यों किया कि यह पोस्ट दिल्ली विश्वविद्यालय में उनकी [एबीवीपी – संपादक] गुंडागर्दी पर आंबेडकर स्टूडेंट्स एसोसिएशन के प्रदर्शन के ख़िलाफ़ लिखी गई है?

अभी तो एक अंगड़ाई है

आगे और लड़ाई है।

संघियों, आंबेडकर क्रांति आने वाली है।

8 अगस्त 2015

ऐसा लगता है कि हैदराबाद का पूरा एबीवीपी कैडर इस वीडियो

[वेमुला का हैदराबाद विश्वविद्यालय कैंपस के हिंदुत्ववादी रंग में रंगने के ख़िलाफ़ दिया गया भाषण – संपादक] को शेयर कर रहा है। मुझे भी लगता है कि यह वीडियो सभी को देखना चाहिए। इस वीडियो में दिखाया गया आदमी मैं ही हूं। मैं एबीवीपी के करीब 20 सदस्यों के सवालों का जवाब दे रहा था। शुरू में मैंने उनके सवालों का जवाब विनम्रतापूर्वक देने का मन बनाया था लेकिन जिस तरह से उन्होंने आंबेडकर तथा आंबेडकरी आंदोलनों को गाली देना शुरू किया तो मुझे भी गुस्सा आ गया। मैंने भी उन्हें उन्हीं की तरह जवाब दिया। मैं मांग करता हूं कि एबीवीपी घटना के पूरे वीडियो को जारी करे जिसके दौरान धक्कामुक्की हुई और झगड़ा भी हुआ। किसी ने कहा कि वह कैंपस में बनी आंबेडकर की सभी मूर्तियों को तोड़ डालेगा! एक लड़के ने मुझे धमकी दी कि मैं कैंपस से बाहर निकलूंगा तो बजरंग दल वाले देख लेंगे कि आंबेडकरियों में कितना दम है!

मुझे हिंदुत्व की आलोचना करने या इसे गाली देने में कोई झिझक महसूस नहीं होती। मुझे इसके लिए किसी तरह का पछतावा भी नहीं होता। मैं कैंपस के भीतर और बाहर हिंदुत्ववाद समर्थित संगठनों द्वारा वर्चस्वशाली सांस्कृतिक प्रताड़ना के ख़िलाफ़ लड़ाई जारी रखूंगा।

जय भीम!!!

5 सितंबर 2015

अखिल भारतीय विद्यार्थी परिषद द्वारा आयोजित विज्ञान कार्यक्रम के दौरान आंबेडकर को हथियाने की कोशिश का मैं तीखा विरोध करता हूं। मुझे यह देखकर बहुत दुख हुआ कि दलितों के ख़िलाफ़ झूठा मुकदमा दायर करने वाला फेकू, [झूठा, सुशील कुमार, एबीवीपी का नेता – संपादक] आंबेडकर की तस्वीर के सामने मंच पर बैठा हुआ था। यह तो मक्कारी की हद हो गई। दलितों और उनके सहयोगियों को यह नोट करना चाहिए कि हम अपने एकमात्र प्रेरणास्त्रोत आंबेडकर को नहीं खो सकते।

अरे, हम अगर इस तरह के हिंदुत्ववादी षड्यंत्रों के ख़िलाफ़ विद्रोह करें तो हमारा क्या नुकसान होगा? खाना? इतिहास की शुरुआत से हम भूखे हैं भाई । इसमें नया क्या है?

क्या हमें मार खाने का डर है? क्या हम उन जनसंहारों और अत्याचारों को भूल गए हैं जिन्हें हमने इस समाज में झेला है? हमें अपना पक्ष चुनना होगा वरना बहुत देर हो जाएगी।

अब यह सवाल नहीं है कि तुम माला हो या मादिगा [अनुसूचित जातियों की सूची में शामिल दो जातियां- संपादक] या हमसे मिलते-जुलते विचार रखने वाले प्रगतिशील। आज सवाल है कि क्या तुम आंबेडकरी हो या भारतीय जनता पार्टी (भाजपा) के तलवे चाटने वाले।

5 सितंबर 2015

एक वामपंथी सांस्कृतिक समूह प्रोग्रेसिव थिएटर ग्रुप ने एक नाटक का आयोजन किया जिसमें हैदराबाद विश्वविद्यालय पर पुलिस के कब्ज़े [उपस्थिति – संपादक] को दिखाया गया है। नाटक में इस मुद्दे पर वाइस चांसलर के (उदासीन) रवैए को भी दर्शाया गया है।

9 सितंबर 2015

[विश्वविद्यालय द्वारा पहली बार सज़ा दिए जाने पर – संपादक]
मेरे सभी मित्रो, आंबेडकराइटो और कॉमरेडो, मुझे यह बताते हुए खुशी हो रही है कि हैदराबाद विश्वविद्यालय ने मुझे एक सेमेस्टर के लिए निलंबित कर दिया है क्योंकि मैं एबीवीपी तथा आरएसएस द्वारा समर्थित व्यवस्था के ख़िलाफ़ आवाज़ उठाता रहा हूं।

मुझे यह कहते हुए और भी खुशी हो रही है कि मैं इस बात से न ही डरा हूं न मैंने किसी गतिविधि से अपने को अलग किया है।

अगर आप के पास समय हो तो हैदराबाद विश्वविद्यालय के प्रशासकीय भवन में आयोजित हमारे विरोध प्रदर्शन में सुबह 7.30 पर शामिल हों।

10 सितंबर 2015

हिंसक व्यवस्था में बीच का रास्ता अपनाना अपराध है!

यह मैल्कम एक्स ने कहा था। आंबेडकर ने चीख चीख कर यही कहा था। और दलित पैंथर (ब्लैक पैंथर) आंदोलनों ने इस बात को स्थापित किया है।

आप जब अपनी ज़िंदगी दांव पर लगाते हैं तभी आपकी दूसरी पीढ़ियां आज़ाद हवा में जी सकती हैं।

11 सितंबर 2015

[छात्रों के विरोध के बाद जब निलंबन को वापस ले लिया गया उसके बाद – संपादक]

घटिया निलंबन को वापस ले लिया गया है :)

धरती के किसी कोने में एक गरीब बच्चा रात में अपनी दादी के साथ बैठ कर सितारों को निहार रहा है। वह पूछता है, 'जेजी, कभी कभी मैं रात और उसके साथ आने वाले अंधेरे से डर जाता हूं। लाखों तारे बगावत पर उतारू होते हैं, इसके बावजूद धरती पर अंधेरा पसरा रहता है।'

दादी बच्चे को अपनी बांहों में भरकर मुस्कुराती है और कहती है:

'अंधकार ही आखिरी चीज़ नहीं होती। तुम रात में जिन तारों को

देखते हो वे मरे नहीं हैं। वे तो अमर हैं। उन्होंने अंधेरे से हार मानने से इन्कार कर दिया है। ये अंधेरा चाहे कितना ही घना क्यों न हो, रोशनी की पहली किरण आते ही यह कांपने लगता है। सूरज जब अपनी नींद से जगेगा तो यह अंधेरा भी छंट जाएगा। उसे देखते ही अंधेरा अपनी मांद में दुबक जाएगा। अंधेरे से कभी मत डरो। यह तो खुद डरपोक होता है। भरोसा करो और उम्मीद रखो कि आखिर में प्रकाश की ही जीत होगी।' (प्रस्थानम फिल्म के एक दृश्य से लिया गया)

आज हमारे विवेक पर गेरुआ पर्दा पड़ा हुआ है और हम यह सोचने के लिए अभिशप्त हैं कि रोशनी मुमकिन नहीं। लेकिन सच्चाई वैसे ही सामने आएगी जैसे कि नीले आसमान में चमकता हुआ लाल सूरज निकलता है। उसी दिन, उसी पल इस गेरुए अंधकार को मरने से कोई नहीं बचा पाएगा।

न्याय में देर हो सकती है लेकिन जीत उसी की होती है। यह तो अवश्यंभावी है और इसे किसी भी तरह तोड़ा मरोड़ा नहीं जा सकता।

जय भीम!!!

13 सितंबर 2015

अभी हाल ही में हैदराबाद केंद्रीय विश्वविद्यालय की एबीवीपी एक संपादित किया हुआ वीडियो शेयर कर रही है [आंबेडकर स्टूडेंट्स

एसोसिएशन तथा एबीवीप के बीच एक झगड़े के बारे में – संपादक]

मैं उस घटना के दौरान मौजूद था। एबीवीपी के कैडर आंबेडकर को गालियां दे रहे थे। वे आंबेडकर को 'आतंकवादी' कह रहे थे। वे कह रहे थे कि जो कोई भी हिंदू नहीं है वह भारतीय नहीं। वे आंबेडकर को ऐसी ऐसी गालियां दे रहे थे जिन्हें मैं यहां लिख भी नहीं सकता। वहां उपस्थित दलितों को गुस्सा आना स्वाभाविक था। सुशील [कुमार – संपादक] की मां वहां मौजूद थी। उसने आंबेडकर स्टूडेंट्स एसोसिएशन से संबंधित दलित महिलाओं को बदतमीज़ कहा। उसने यह भी कहा कि अगर उन्होंने आंबेडकर स्टूडेंट्स एसोसिएशन के लिए काम किया तो उनकी कभी शादी नहीं हो पाएगी। ये वही महिला हैं जिन्होंने हैदराबाद विश्वविद्यालय कैंपस में 'किस ऑफ लव' प्रदर्शन के दौरान छात्रों पर थप्पड़ चलाने की कोशिश की थी। आज नगरपालिका चुनावों में टिकट पाने के लिए उन्होंने [एबीवीपी – संपादक] उधम मचा रखा है। मंडल परिषद टेरिटोरियल कांस्टीट्यूएंसी का टिकट पाने के लिए उन्होंने हैदराबाद विश्वविद्यालय में दलितों संगठनों पर हमले किए। हम [घटना की – संपादक] पूरी वीडियो फुटेज पाने की कोशिश कर रहे हैं ताकि हम एबीवीपी के कैडरों तथा सुशील की मां पर अनुसूचित जाति/जनजाति उत्पीड़न क़ानून के तहत केस कर सकें।

हम देखेंगे...लाज़िम है कि हम भी देखेंगे !!! जय भीम!

13 सितंबर 2015

कुछ संगठन सीटों को भरने, आरक्षण की नीति को लागू करने तथा छात्रों की समस्याओं के लिए संघर्ष करते हैं। कुछ दूसरे संगठन दलित छात्रों को निष्कासित करने के लिए प्रदर्शन करते हैं।

एचसीयू – फैसला करो!!!

25 दिसंबर 2015

सभी को क्रिसमस की शुभकामनाएं।

प्यार फैलाओ। रहमदिल बनो। ज़िम्मेवारियां उठाओ। अपने उद्देश्य को पूरा करने से कभी पीछे न हटो। आमीन।

ii) अंतिम 16 दिन

1 जनवरी 2016

सभी को मेरा हैलो। ख़ुशख़बरी। नया साल 2016 मुबारक हो।

2 जनवरी 2016

'एक्टिविज़्म इस धरती पर रहने के लिए मेरा किराया है' *एलिस वाकर*

असहिष्णु ज़मीदारों ने 2 जनवरी 1989 को एक नाटक के दौरान सफदर हाशमी की हत्या कर दी। एक बेहतरीन कलाकार और बहादुर इंसान असहिष्णुता की बलि चढ़ गया।

2 जनवरी 2016

कमज़ोर और प्रताड़ित
सीखने और कुछ करने के लिए उठो।
उठो मेरे भाई, गुलामी से निकलो।
मनु के पिछलग्गू पेशवा कब के मर चुके
मनु ने ही रखा दूर हमें शिक्षा से।
ज्ञान देने वाले – अंग्रेज़ आ चुके हैं,
सीखो, जिसका मौका न मिला तुम्हें हज़ारों सालों में।
हम खुद भी सीखेंगे, अपनी संतानों को भी सिखाएंगे
ज्ञान हासिल करेंगे, बुद्धिमान बनेंगे, विवेक जगाएंगे।
मेरे दिल में ईर्ष्या की आग जल रही है,
मांग रहा है संपूर्ण ज्ञान।
जाति की यह पहचान, मवाद से भरा घाव,
दूर कर दूंगा अपनी ज़िंदगी से आखिर मैं।
आओ पहचानें अपने गौरवशाली ध्वज को,

लहराएं फिर से, बलिराजा के साम्राज्य में।
आओ सब मिलकर बोलें,
'दूर हो बदहाली, साम्राज्य स्थापित हो!'
जागो, उठो और शिक्षित बनो
परंपराओं को तोड़ डालो- मुक्त हो।
हम सब सीखेंगे साथ मिलकर-
नीति, कर्तव्य, धर्म।
मत सोओ, बजाओ नगाड़े,
अरे ब्राह्मण, परेशान करने की हिमाकत न करो।
युद्ध का उद्घोष करो, उठो जल्दी
उठो, सीखने को, कुछ करने को।
सावित्री बाई फुले, समाज सुधारक।

3 जनवरी 2016

सावित्री बाई फुले को उनकी 185वीं जयंती पर याद करते हुए।

'महात्मा जोतिबा [सावित्रीबाई के पति, ज्योतिराव फुले - संपादक] भारत के सामाजिक सुधार आंदोलन के जनक थे। लेकिन संभ्रांत वर्गों ने उन्हें दरकिनार कर दिया। उन्हें एक सदी के बाद स्वीकृति मिली। लेकिन सावित्री बाई, जिन्होंने संघर्ष किया और मुश्किल के

दिनों में अपने पति का साथ दिया, उन्हें जाति तथा लिंग आधारित भेदभाव के कारण इतिहास के अंधेरे पन्नों में धकेल दिया गया।'
मेलानी पी., लेखक

6 जनवरी 2016

जीवन-समर्थक आंबेडकरी होने के नाते मैं पंजाब में हुए आतंकवादी हमले में मारे गए बॉर्डर सेक्योरिटी फोर्स के सात जवानों के प्रति अपनी संवेदना व्यक्त करता हूं। मणिपुर में आए भूकंप में मारे गए छह (सही संख्या का पता लगना अभी बाकी है) लोगों के प्रति भी मैं अपनी संवेदना व्यक्त करता हूं।

8 जनवरी 2016

विवेकानंद जाति व्यवस्था के हिमायती, महिला-द्वेषी तथा नकली विद्वान हैं। उनकी बुद्धि अल्पविकसित है और उन्हें अपनी योग्यता से अधिक आंका जाता है। वे अपनी बकवासों के लिए कोई वैज्ञानिक उद्धरण पेश नहीं करते। इस इंसान ने किसी मौलिक विचार या असली ज्ञान का सृजन नहीं किया है। मुझे हैदराबाद केंद्रीय विश्वविद्यालय में संस्थागत रूप से इस व्यक्ति का जन्मदिवस समारोह मनाए जाने पर आश्चर्य और निराशा हुई है।

8 जनवरी 2016

आईने में दिखने वाली चीज़ें जितनी दिखाई देती हैं उससे कहीं अधिक नज़दीक (कभी नहीं) होती हैं। [यह उसकी आखिरी पोस्ट थी जिसमें उसने आइने में अपने प्रतिबिंब वाली सेल्फी शेयर की थी। बाद में यह तस्वीर उसकी प्रोफ़ाइल तस्वीर बनी – संपादक]

2

ज़िंदगी, रोमांस और अपने बारे में

राधिका वेमुला और मणि कुमार वेमुला के यहां 30 जनवरी 1989 को रोहित वेमुला का जन्म हुआ था। वेमुला ने आंध्र प्रदेश के गुंटुर में अपनी ज़िंदगी के बारे में बहुत कम लिखा है। गुंटुर मिर्च के उत्पादन में सबसे आगे है। हैदराबाद विश्वविद्यालय में बायो-टेक्नोलॉजी विभाग में एसएससी में दाखिला लेने के बाद भी वेमुला हर साल गुंटुर जाता था। बाद में वेमुला ने हैदराबाद विश्वविद्यालय से ही साइंस टेक्नोलॉजी एंड सोसाइटी विभाग में पीएचडी शुरू की।

वेमुला की मां माला जाति की दलित महिला थीं। उनके पति वड्डेरा समुदाय (अन्य पिछड़ी जाति, ओबीसी) के थे। पांच साल विवाहित रहने के बाद सन 2000 में उनका तलाक हो गया। उनकी तीन संतानें थीं- एक रोहित वेमुला की बड़ी बहन डी. नीलिमा और दूसरा, छोटा भाई राजा चैतन्य वेमुला।

वेमुला अपनी मां को उन दो स्तंभों में गिनता था जिन्होंने उसकी ज़िंदगी को सहारा दिया था। इनमें से दूसरा था उसका दोस्त शेख रियाज़। अपनी ऑनलाइन तस्वीरों के नीचे लिखी एक दो पंक्तियों में ही वेमुला अपनी घरेलू ज़िंदगी के 20 सालों के बारे में जानकारी देता है। इन पंक्तियों में वेमुला सिलाई का काम करने वाली अपनी मां और घर से हमेशा गायब रहने वाले अपने पिता की

प्राइवेट सेक्योरिटी गार्ड की वर्दी का उल्लेख करता रहता है।

वेमुला अपने को एक 'निराश रोमांटिक' शख्स के रूप में पेश करता था। उसे लोगों से प्यार था। उसे संगीत और शराब से मोहब्बत थी। हालांकि उसकी मौलिक पहचान एक राजनीतिक कार्यकर्ता के रूप में थी, वह क्रिकेट खेलने, दोस्तों के साथ मौज मस्ती करने, प्यार करने और प्यार के टूटने और मानवता में अपने विश्वास के बारे में भी लिखता रहता था।

वेमुला इन सबके बारे में पूरी तरह डूब कर लिखता था। उसकी भाषा मस्ती और दुख से सराबोर होती थी। आखिर वह अपनी जवानी के शिखर पर था। डॉ. बीआर आंबेडकर के साथ साथ कार्ल मार्क्स और कार्ल सगान भी उसकी प्रेरणा के स्त्रोत थे लेकिन उसे एआर रहमान के गाने मरहबा या मुस्तफा में भी उतना ही मज़ा आता था। उसे यकीन था कि हैदराबाद विश्वविद्यालय में उसे अच्छे दोस्त मिलेंगे और वह अच्छी ज़िंदगी बिता पाएगा।

i) घर और दूसरे मसलों के बारे में

30 जनवरी 2008

रोहित वेमुला के पास जो भी है उसमें वह खुश है.. (वह)

प्रतिभावान (है)

22 जुलाई 2010

मैंने हैदराबाद केंद्रीय विश्वविद्यालय में दाखिला ले लिया। यहां का माहौल अद्भुत है। लोग अच्छे हैं। खुशी महसूस हो रही है। कुछ अच्छे दोस्तों को ढूंढ़ रहा हूं।

6 मार्च 2011

आज मुझे सलामी बल्लेबाज़ के तौर पर खेलने का मौका मिला [हैदराबाद विश्वविद्यालय के एक मैच में – संपादक] । सहयोग के लिए प्रवीण और रोहित [दोस्त- संपादक] का शुक्रिया.

17 जून 2012

मैं घरेलू हिंसा के ख़िलाफ़ हूं। मैंने अपनी मां के तकलीफों को देखा है और मैं आगे आने वाले परिवर्तनों का हिस्सा बनना चाहता हूं। असली मर्दानगी तो तब है जब औरत आप के साथ रहना चाहे (न कि उसे साथ रहने को मजबूर करने में)

13 मार्च 2014

[उसने कई तस्वीरें पोस्ट कीं — संपादक]

मैं अपनी मां की सबसे अच्छी दोस्त, एक बिल्ली, की तस्वीर लेने की कोशिश कर रहा था। वह इसे 'रास्कल' (दुष्ट) कहकर पुकारती है। लेकिन मेरे घर में यह बिल्ली ही एक ऐसा जीव है जो मां की बात मानती है। वह भाग गई। वो मेरे साथ कभी नहीं खेलती। हमारे घर में एक रेफ्रिजेरेटर है जिसके कारण हमारे घर को मुहल्ले में लोग बहुत प्यार करते हैं। मैं इसमें रखे पानी की बोतलें नहीं छूता क्योंकि उनमें से ज़्यादातर पड़ोसियों की हैं।

टीवी का रिमोट तो प्राय: हमेशा पड़ोस के बच्चे के हाथ में ही रहता है।

पिता की वर्दी, हॉस्पिटल में सेक्योरिटी गार्ड।

[सार्वजनिक नल की तस्वीर के साथ — संपादक]

पानी का स्त्रोत और गपशप की जगह।

मेरे जूनियर रिसर्च फेलोशिप मिलने के पहले यही [सिलाई की मशीन — संपादक] परिवार की आमदनी का ज़रिया थी...यह मेरी मां का प्यारा पेशा है। वह कहती है कि 'मशीन' औरत को ताकतवर बना सकती है। अब वो एक शिक्षक है। अब वह वह आसपास के औरतों को सिलाई-कढ़ाई सिखाती है।

13 मार्च 2014

रियाज़ की मोटरसाइकिल जिसपर मैंने गाड़ी चलानी सीखी।

ii) रूमानी व्यक्तित्व

14 अप्रैल 2009

किसी के साथ रहकर भी अकेले महसूस करने से बेहतर है अकेले रहना।

6 फरवरी 2014

मैं जानता हूं कि मेरा इस तरह बात करना जैसे कि मैं तुम्हें समझता हूं, गलत है। मुझे इस बात का अहसास है कि तुम्हारी समस्याएं बहुत ही तकलीफदेह हैं। मैं तो सिर्फ इतना कहने की कोशिश कर रहा हूं कि 'तुम अकेले नहीं हो', दुनिया में ऐसे लाखों लोग हैं जो इस वक्त ठीक तुम्हारी तरह असहनीय परिस्थितियों को झेल रहे हैं। तुम खुश रहो, मैं बस यही चाहता हूं।

23 मार्च 2014

लड़की ने अपनी जानी-पहचानी स्नेह भरी आवाज़ में पूछा, 'तुम कैसे हो?' उसकी आंखें वैसी ही अबूझ सी लग रही थीं।

लड़का तुरंत नीचे की तरफ देखने लगा और मुस्कुराकर बोला, 'बिलकुल ठीक!' मैंने लड़की को मुस्कुराते हुए देखा। उसकी मुस्कुराहट कागज़ के फूल की ताज़गी का मुकाबला कर रही थी। 'बुरी तरह टूटा हुआ हूं, लेकिन किसी तरह ज़िंदगी चल रही है,' उसे एक अनजानी सी आवाज़ सुनाई दी। लेकिन पक्के तौर पर नहीं कह सकता कि वह आवाज़ उसके अंदर से आई थी या किसी दूर की जगह से। खैर, इससे कोई फर्क नहीं पड़ता। इन दोनों में कोई खास फर्क नहीं है।

ओस की बूंदों जैसी आंखों वाले अनजान शख्स से आईने में मेरी बातचीत।

26 मार्च 2014

कभी-कभी एक छोटी-सी बात हमारी तर्कशक्ति को चुनौती देकर चली जाती है। अगर मैं अपने इतिहास में जाकर जी सकूं तो क्या होगा? जिस किसी व्यक्ति का बचपन थोड़ा मुश्किलों से भरा रहा हो और किशोरावस्था भी थकाने वाली रही हो ऐसे व्यक्ति के दिमाग में यह सवाल आना एक सामान्य सी बात है। काश कि मैं ऐसे लोगों से नहीं मिला होता और उन्हें अपने से दूर जाते हुए बेवकूफों की तरह नहीं देखता!

अगर मुझे ऐसे वक्त में वापस जाने का फिर से मौका मिलता जब सारी दुनिया खूबसूरत दिखती थी तो क्या मैं अपनी ज़िंदगी नए सिरे से शुरू करना चाहता? मेरे प्यार के मौसम में सूरज, चांद, तारे, आसमान, फूल और रंग केवल एक दर्शक नहीं थे। ये सब मेरी ज़िंदगी के जश्न में शामिल किरदार थे। होशो-हवास रखने वाला कोई भी इंसान उन क्षणों को फिर से जीना चाहता। लेकिन मैंने ऐसा नहीं चाहा। मैंने कभी अपनी पुरानी ज़िंदगी में वापस नहीं जाना चाहा। आज मेरा इतिहास चाहे कितना भी परेशानियों से भरा क्यों न हो लेकिन मेरी पुरानी ज़िंदगी में कुछ भी ऐसा नहीं जिसे मैं याद करना चाहूं। आज मेरे सपनों में भले ही परेशान करने वाली बातें मुझे सताए लेकिन ऐसा भी एक वक्त था जिसमें मेरे पास सपने देखने लायक कुछ भी नहीं था। आज मेरी स्मृति में दुख भरे पल होते हैं, मैं बुरे सपने देखता हूं, मैं लहूलुहान भी होता हूं, अवसादों से घिर जाता हूं लेकिन उन दिनों मैं बिलकुल उदासीन था। मैं पूरी तरह शिथिल था। मुझसे प्यार करने वाला कोई न था, मुझे परखने वाला कोई न था।

अपने उलझे हुए दिमाग से निकले किसी पेचीदा सवाल का जवाब आपने कितनी बार गंभीरतापूर्वक, चतुराईपूर्ण तरीके और अपने ही अंदर उलझे हुए तर्कों से दिया है?

टूटा हुआ, दफनाया हुआ।

18 अप्रैल 2014

'तुम्हें पता है कि मुझे तुम्हारे बारे में लोगों ने आगाह किया था?' लड़के की ओर आश्चर्य से देखते हुए लड़की ने कहा था, मानो उसी ने आसमान में सभी तारे जड़ दिए हों।

और अपनी अधखिली हंसी के खास अंदाज़ में उसके बालों को सहलाते हुए लड़के ने फुसफुसाते हुए कहा था, 'लेकिन तुम तो हो न यहां।'

और मैंने आसमान में किसी के हौले-हौले कराहने की आवाज़ सुनी थी। ज़रूर ही चांद उसे सितारों से मिलवा रहा होगा।

3 जुलाई 2015

वह दिलों को इकट्ठा करती है पर इसके बाद उसे उनकी कोई चिंता नहीं रहती। गीली रेत में पैरों के निशान की तरह, बच्चे की मुस्कुराहट की तरह वह ज़िंदगी पर हमला करती है। अकेली रातों में तेज़ बरसातों की तरह वह एक मरहम जैसी है जो जलाती है।

सबको पता है कि वह लोगों की जान लेती है, आपकी ज़िंदगी को बेमतलब बना देती है लेकिन फिर भी उससे आजतक कोई बच नहीं पाया है- मौत की तरह, प्यार की तरह।

कुछ लोग कहते हैं कि उसका कोई मकसद है जैसे कि दुनिया

को बचाना। उसे कैसे बताऊं कि मैं भी उसी दुनिया का एक हिस्सा हूं। कुछ लोग कहते हैं कि वह सबसे प्यार करती है फिर मैं सब में शामिल क्यों नहीं? मैं जिस किसी होंठ को चूमता हूं उसमें मुझे अकेलेपन का अहसास मिलता है। हर आलिंगन मुझे और भी सिकुड़ा जाती है। शराब का हर प्याला उस बुजुर्ग की तरह लगता है जिसकी सलाह का मतलब मुझे ढूंढ़ना है।

क्या मुझे इस बात के लिए दुखी होना चाहिए कि मैंने उससे इस ज़िंदगी में प्यार नहीं किया? या कि मुझे खुश होना चाहिए कि मुझे एक और ज़िंदगी जीने का मकसद मिल गया?

अप्रकाशित लेखन का भावानुवाद [इसे पहले तेलुगु में लिखा गया था जिसे बाद में फेसबुक पर पोस्ट करने के लिए अनूदित किया गया - संपादक]

iii) अपने बारे में कुछ

21 अप्रैल 2011

मुझे आज एक बात का पता चला। मेरे ऊपर परीक्षा से संबंधित कोई शाप है। भले ही मैं कितनी भी मेहनत क्यों न करूं, मैं परीक्षा में अच्छा नहीं कर सकता। मैं इस शिक्षा से बिलकुल ऊब चुका हूं। मैंने इस विषय में पढ़ाई करने का फैसला क्यों किया? इस भीड़ में

मैं अपने को बिलकुल अलग-थलग पाता हूं।

9 अगस्त 2011

संगीत से सुकून मिलता है। जब हर चीज़ बदल जाती है तब भी गीत नहीं बदलते।

मेरा अनुमान है कि अगर आप अपने दिल की बात कहने की कोशिश करें तो आप की ज़ुबान बंद हो जाती है।

12 मार्च 2012

ज़िंदगी उस सिगरेट की तरह है जो एक तरफ से जल रही है। चाहे आप इस पिएं या न पिएं, यह खत्म हो जाने वाली है। इसी तरह ज़िंदगी भी खत्म हो जाती है, चाहे आप इसका मज़ा लें या इसे बीतते हुए देखें। फैसला आपके हाथ में होता है। इसलिए सावधानी से चुनाव करना चाहिए। वैसे, मैं अच्छा सिगरेट पीने वाला इंसान हूं।

15 अप्रैल 2012

मेरे शब्दों में आंतरिक अर्थ होते हैं। मेरे चुप रहने के कई कारण हैं। आखिर में हरेक चीज़ का मतलब साफ़ हो जाएगा। मुझ पर भरोसा रखो।

23 फरवरी 2013

तुम अगर अपने चारों तरफ नज़र दौड़ाओगे तो वैसे लोग दिखाई देंगे जैसे हमारे चारों तरफ़ [गरीब और बूढ़े लोग- संपादक] दिखाई देते हैं। हमारे पास उन्हें देने के लिए पैसे तो नहीं हैं लेकिन उनके साथ मुस्कुराकर और गर्मजोशी से मिलने से ही उन्हें खुशी मिलती है और उनकी ज़िंदगी में उम्मीद जगती है। बुज़ुर्गों से बात करो। तुम्हें उनसे सीखने को मिलेगा। तुम्हारी बात से उनका दिल भी सुकून मिलेगा। बूढ़े लोग मानो अनुभवी बच्चों की तरह होते हैं। हमें अपनी क्षमता के मुताबिक उनका खयाल रखना चाहिए।

24 फरवरी 2013

हम मानव इतिहास के सबसे बेहूदा वक्त में जी रहे हैं। हम असुरक्षा की भावना से घिरे हुए हैं न कि उत्साह से। हम पैसे से प्रेरित हो रहे हैं, अपनी भावना से नहीं।

हम भूल चुके हैं कि हम कैसे ज़िंदगी जीते थे। हमें आज की तुलना में 10 गुणे से भी कम पैसा मिलता था लेकिन हम मस्ती से दोपहर में झपकी ले सकते थे। हम नामगाम के पीछे नहीं भागते थे। हमें सहानुभूति और ईमानदारी की फिक्र होती थी।

हम गलत चीज़ों पर सवाल उठाने और उनसे लड़ने से डरते नहीं

थे। हमें दूसरों की मदद करने में घबराहट नहीं होती थी, न ही पैसों के नुकसान से। हम कभी दूसरों से अपनी तुलना नहीं करते थे क्योंकि हम सोचते थे कि हम सभी एक परिवार के सदस्य हैं और हमें लालची होने की ज़रूरत नहीं है।

हम अपना खाना, संपत्ति और प्यार लोगों के साथ बांटते थे। हममें देशभक्ति थी लेकिन अंध-देशभक्ति नहीं। हम पर्व त्योहार आपस में मिलने-जुलने के लिए मनाते थे न कि राजनीतिक मकसद से या अपनी संख्या का ज़ोर दिखाने के लिए।

एक बात सोच लो हम आज क्या कर रहे हैं? क्या हम सचमुच ज़िंदगी जी रहे हैं या बस प्रेतों की तरह समय बिता रहे हैं?

6 मई 2013

बचपन लाजवाब होता है। हमें [अपने कामों के बारे में- संपादक] किसी को कोई सफाई नहीं देनी होती। हम दुनिया की किसी भी चीज़ को पाने की चाहत रख सकते हैं, बिना परवाह किए कि हम उसके लायक हैं या नहीं। छोटी-सी झपकी के बाद हम सब कुछ भुला देते हैं। न कोई निराशा, न अकेलापना न आत्म-आलोचना, न अपने ऊपर किसी तरह का संदेह। न हमें अपने दिन की योजना बनाने की ज़रूरत होती है और न किसी समस्या से जूझने की ज़रूरत। बचपन!

13 मई 2013

कभी कभी सोचता हूं कि काश मैं अपने दिमाग का स्विच बंद कर पाता ताकि ऐसी बातों पर सोचने से बच पाता जिनकी व्याख्या करना ठीक नहीं होता। मैं सोचता हूं, बहुत ज़्यादा सोचता हूं और यही मेरी एक बड़ी समस्या है।

25 मई 2013

अपने अंदर के शैतान से तुम आखिरी बार कब मिले थे? वही शैतान जिसे तुम अपने समाज, परिवार, दूसरे लोगों से छिपाने की कोशिश में लगे रहते हो- वही तुम्हारे अंदर का अपना ही अंधकारपूर्ण, बलशाली और अजीबोगरीब स्वरूप। उसने आखिरी बार कब सामाजिक मर्यादाओं को तोड़कर तुम्हारी सोच और आचरण पर कब्ज़ा कर लिया था? कब?

3 मार्च 2014

मैं अंधकार और प्रकाश, सहानुभूति और ईर्ष्या, अच्छाई और विद्रूपता, प्यार और उदासीनता दोनों से बना हूं। तुम्हें मुझसे क्या मिलेगा यह इस बात पर निर्भर करता है कि तुम मेरे किस पहलू को छूते हो।

3 जून 2014

चलो, इंतज़ार खत्म हुआ। मैं साइंस, टेक्नोलॉजी एंड सोसाइटी स्टडीज़ में पीएचडी के लिए चुन लिया गया हूं।

9 अगस्त 2014

लोग तुम पर बुरी मंशा रखने की तोहमत लगा सकते हैं लेकिन हमें उनके प्रति फिर भी सहानुभूति की भावना रखनी चाहिए। रहमदिल होना प्रतिभाशाली होने या सही होने से कहीं बेहतर है।

27 अक्टूबर 2014

हम सितारों की धूल और ओस की बूंदों से बने हैं। इस दुनिया में हमें कोई उपलब्धि मिले या न मिले, हम अद्भुत हैं क्योंकि हम साधारण नहीं।

31 जनवरी 2015

[अपने 18 दोस्तों को धन्यवाद देते हुए- संपादक]

मेरे जन्मदिन को यादगार और खास बनाने के लिए शुक्रिया मेरे दोस्तों। पिछला साल मेरे लिए बहुत बुरा था। मुझे किसी ने धक्का दे दिया था, मैं गिर पड़ा था। मैं आक्रामक हो गया था और बेवजह

के झमेलों में फंस गया था। कई बुरे पल गुज़रे। लेकिन इसी ने मुझे यह जानने का मौका भी दिया कि ऐसे वक्त में कौन मेरा साथ देगा और कौन नहीं। जब कभी ज़िंदगी ने मेरे साथ नाइंसाफी की, तुम लोगों ने मेरा हौसला बढ़ाया। दोस्ती निभाने और मेरा साथ देने के लिए तुम सभी का एक बार फिर शुक्रिया।

'आश्चर्यचकित होना आनंददायक होता है, सपने देखना मज़ेदार होता है'

एलेन पो

आओ हम साथ मिलकर सपना देखें।

15 मार्च 2015

मैंने शांत और स्थिर रहने की कोशिश की लेकिन मेरा इतिहास मुझे ऐसा नहीं करने देगा।

iv) मस्ती का आलम और धुएं के छल्ले

15 फरवरी 2015

बीयर पीने के बाद पानी का स्वाद हमेशा अद्भुत लगता है।

23 फरवरी 2013

सिगरेट के साथ कॉफी, तेज़ आवाज़ में संगीत सुनना, अपने शहर में किसी दोस्त से फोन पर बात करना- मैं इनका दीवाना हूं। ये तरीके हैं मेरे हैंग-ओवर दूर करने के।

29 दिसंबर 2013

मुझे सिगरेट छोड़ने का उपदेश देने वाले लोगों को मैं विनम्रतापूर्वक कहना चाहता हूं- 'श्रीमान इस दुनिया को बदलने और इसे बेहतर बनाने में आपकी रुचि से मैं बहुत प्रभावित हुआ हूं। कैसा रहे कि हम यहीं बने रहें और सिगरेट पीने की इस गंदी हरकत से छुटकारा पा लेने के बाद हम लोग भारत में जाति व्यवस्था से लड़ने, बड़े व्यावसायिक कॉरपोरेशनों के सरकार पर नियंत्रण, सरकारी कामों को बाहर की संस्थाओं को सौंपने, महिलाओं के लिए क़ानूनी सुविधाओं के अभाव, धर्म और धार्मिक संप्रदाय, आज की दुनिया पर टेक्नोलॉजी के प्रभाव, वर्तमान युग में समाजवाद और मानवतावाद

की संभावनाओं जैसे गैर फैशनेबल मुद्दों के लिए लड़ने के कुछ रास्ते भी तलाशने की कोशिश करें!!!'

ईमानदारी से बताऊं तो धूम्रपान विरोधी अभियान का आपके जीवन पर क्या असर पड़ता है इसके बारे में आप तबतक नहीं समझ पाएंगे जबतक आपकी गर्लफ्रेंड आपको सिगरेट छुड़ाना अपनी ज़िंदगी का मकसद नहीं बना लेती।

12 जुलाई 2014

[तंबाकू उत्पादों की कीमतों में वृद्धि- संपादक]

धूम्रपान करने वाली बिरादरी के लिए निराशा के भयंकर दौर का आगाज़।

15 मार्च 2014

पीने के बाद मुझे चीज़ों की सुंदरता का अनुभव करने और उसे अभिव्यक्त करते हुए बेवकूफ कहे जाने का डर नहीं सताता। ईमानदारी से कहूं तो कभी-कभी मुझे ऐसा लगता है कि बिना पीए इस गंदी दुनिया के बारे में मैं अपनी बात उस बेबाकी से नहीं कह सकता जैसा मैं पीने के बाद कर सकता हूं।

26 सितंबर 2015

कुछ लोग कहते हैं कि पीना कम्युनिस्ट नैतिकता है। ऐसे लोगों को मैं कहना चाहता हूं कि पीना सिर्फ प्रगतिशील लोगों की खास पहचान नहीं है। इस प्रकार की बातें बकवास के अलावा कुछ भी नहीं। यह दुर्भाग्यपूर्ण है। नैतिकता को धर्म, दर्शन और संस्कृति के अपने आधुनिकतावादी चश्मे से देखना बंद कीजिए।

3
दो कविताएं और एक अनुवाद

वेमुला के गद्य में एक लयात्मकता है लेकिन उसकी कविताएं उसके अंतर्मन का आईना हैं। 'वन डे' (एक दिन) नाम की कविता उस दिन लिखी गई थी जब वह पहली बार कैंपस के हंगामे में शामिल हुआ था। इस कविता में उसने बताया है कि किस प्रकार अन्याय के ख़िलाफ़ प्रतिरोध उसकी आत्मा का मूल तत्व है। विश्वविद्यालय द्वारा बिठाई गई जांच समितियों और आपराधिक मामले लादे जाने जैसी समस्याओं से जूझते हुए वेमुला फिर से उठ खड़े होने के बारे में लिखता है। यही भाव उसकी रचनाओं में बार-बार आता है।

इसके एक साल पहले 'अनटाइटल्ड' (अनाम) नाम की अपनी कविता में वेमुला अपनी राजनीतिक विचारधारा के बारे में लिखता है। वेमुला वामपंथ और दक्षिणपंथ दोनों की आलोचना करते हुए उन्हें एक ही सिक्के के दो पहलू बताता है। उसकी कविताएं राष्ट्रवादियों से लेकर कम्युनिस्टों और धर्मनिरपेक्षतावादियों तक के दोहरे मानदंडों की कलई खोलती हैं। ये कविताएं एक ऐसे दिन की कल्पना करती है जब दलित-बहुजन आगे आएंगे और शोषितों से शोषकों द्वारा जवाब मांगा जाएगा।

तेलुगु कवि श्री श्री की कविता 'देश चरितालु' के अनुवाद में

गंभीर विचारों को उभारने के लिए वेमुला इन्हीं शब्दों का इस्तेमाल करता है। इस अनुवाद में उसके अंदर का वही क्रांतिकारी सामने आता है जिसने अपने होस्टल की दीवारों को कविताओं की पंक्तियों से रंग दिया था।

3 सितंबर 2015

एक दिन

एक दिन तुम समझ पाओगे कि मैं आक्रामक क्यों था।
उस दिन तुम समझ पाओगे कि क्यों
मैंने सिर्फ सामाजिक स्वार्थों की पूर्ति नहीं की।
एक दिन तुम समझ पाओगे कि मैंने क्यों मांगी माफी,
उस दिन तुम समझ पाओगे
कि दीवारों के उस पार कैसे बिछे होते हैं जाल।
एक दिन तुम मुझे इतिहास में पाओगे
हल्की रोशनी और पीले पड़ते कागज़ों के बीच।
और तुम सोचोगे कि काश मैं थोड़ा समझदार होता।
लेकिन उसी दिन, रात ढले,
करोगे याद मुझे, महसूस करोगे
और गहरी सांस लेकर मुस्कुराओगे

और उसी दिन मैं फिर से वापस आऊंगा।

7 सितंबर 2014

अनाम

जो भगवान समझा वह पत्थर निकला
जिसको पत्थर समझा वह भगवान निकला।

कैंपस में राजनीति का मतलब है वोट का हिसाब-किताब
सवर्णों ने गले लगाया वामन को
राष्ट्रवादी ले आए कारवां
कम्युनिस्टों ने किया रास्ता तैयार,
क्रांतिकारी लेने लगे बेवक्त की झपकी
धर्मनिरपेक्ष लोग तलाश रहे थे एकांत जगह
विद्वानों को लगा ये सब बेकार, लेकिन वे चुप रहे
दलितों को छोड़ दिया गया बिखरा हुआ इस लड़ाई में,
कहा गया यह उनकी व्यक्तिगत समस्या है।

हो सकता है कम हो हमारी संख्या,
हमारी अभिव्यक्ति हो शायद बेमतलब

आपके सांस्कृतिक जुलूस की ताकत के सामने,
शायद हमारा प्रतिरोध हो जाए समाप्त बहुत जल्द।
लेकिन कॉमरेडो याद रखना,
याद रहेगी तुम्हारी चुप्पी,
तुम्हारी कटु निराशा को मिलेगी नहीं माफी।
आओगे जब वोट मांगने,
हम इन्कार कर देंगे हाथ मिलाने से
नहीं मुस्कुराएंगे तुम्हारी मुस्कुराहट पर।
उस दिन तुम ढूंढ़ते रह जाओगे हमारा साथ
तुम्हारी सहानुभूति के शब्दों से बेअसर, बेपरवाह,
हम छोड़कर निकल जाएंगे तुम्हें।
उसी दिन,
हम भी खेलेंगे तुम्हारी तरह लुकाछिपी का खेल-
भरोसे और धोखे के बीच।
याद रखना कॉमरेड!

3 अगस्त 2013

'देश चरित्रालु' का अनुवाद

चाहे किसी भी देश का हो इतिहास

क्या है उसमें गौरव करने के लायक?
मानवता का इतिहास-
यानी दूसरों का शोषण।
मानवता का इतिहास-
यानी एक दूसरे की बर्बादी।
मानवता का इतिहास,
खून में डूबा युद्ध का मैदान।
मानवता का इतिहास-
यानी आतंक का सिद्धांत
जैसे पिशाचों का झुंड,
गरीबों का खून चूसते जोंक।
ताकतवरों ने बनाया,
कमज़ोरों को अपना गुलाम
खूनी बने इस धरती के मालिक
पा गए गौरव इतिहास में।
हुआ नहीं जहां युद्ध,
मिलेगी ऐसी जगह नहीं इस धरती पर।
अगर आंसुओं में नहीं तो डूबा है खून में,
सारा इतिहास।

गूंज रही हैं इतिहास में आवाज़ें,
परिवारों की जिनकी लौ बुझ चुकी है,
लोगों की जो मिल चुके हैं मिट्टी में,
उनकी जो हैं बेबस, लाचार।
ईर्ष्या, स्वार्थ, धोखाधड़ी, दुराव और संघर्ष,
दांवपेंच और मुखौटों से लैश- है इतिहास गवाह।
चंगेज़ खान, तैमूर लंग,
नादिरशाह, गज़नी, गोरी
सिकंदर-क्या फर्क पड़ता है, कौन थे वे?
हरेक था महान हत्यारा-
वाइकिंग, गोरे हूण, सिथियन, पारसी, पिंडारी और ठग
सबने बनाई समय के सीने पर तलवार की पुल।
अज्ञान के अंधकार वाले युग में,
भूख और वासना से पीड़ित,
अनजानी और विकराल ताकतों के वश में
लोग चल पड़े - [सोचते हुए]
सभी उपलब्धियां हैं उनकी,
इस धरती के मालिक हैं वो।
बनाए साम्राज्य,

गढ़े बनावटी क़ानून [जो],
ढह गए ताश के पत्तों की तरह भरभराकर,
बढ़ीं जब दूसरी ताकतें।
आपस में संघर्ष करती ताक़तों के गर्भ से
निकला इतिहास।
अब नहीं चलेगा वह सब जो चलता आया है हमेशा से-
धोखाधड़ी,
ताकतवरों का घिनौना अपराध,
पैसे वालों का षड्यंत्र।
अब नहीं चलेगा वह सब जो चलता आया है हमेशा से-
एक इंसान के दूसरे से शोषण पर ,
एक नस्ल के दूसरे के शोषण पर -आधारित सामाजिक न्याय।
चीनी रिक्शावाला,
चेक खदान मज़दूर,
आयरलैंड का गोदी कर्मचारी,
दुनिया भर के पिछड़े लोग-
होतेनतोत, जुलू, नीग्रो,
दुनिया भर की अलग अलग नस्लें
चिल्लाएंगे एक स्वर में- इतिहास का असली स्वरूप।

किस युद्ध का क्या कारण था?
कौन सा साम्राज्य रहा जीवित कितने दिनों तक?
दिन और दस्तावेज़ नहीं हैं असली इतिहास।
इस महारानी की प्रेम कहानियां,
उस युद्ध के खर्चे का हिसाब किताब,
षड्यंत्र और खाते बही- नहीं हैं ये असली इतिहास।
मेरे दोस्त,
आज ज़रूरत है उन कहानियों की,
दबे हैं जो इतिहास के अंधेरे कोनों में।
चाहे कहीं भी छिपा दो, सच अब छुपेगा नहीं।
नील नदी के किनारे बसी सभ्यता में,
कैसी होती है ज़िंदगी साधारण इंसान की?
ताज महल बनवाने में,
किन मज़दूरों ने ढोए पत्थर?
राजवंशों पर आक्रमण में,
कैसी थी वीरता साधारण लोगों की।
दोस्तों राजा की पालकी नहीं,
देखो उन्हें जो ढोकर ले जा रहे हैं उसे।
हो तक्षशिला या पाटलिपुत्र,

भूमध्यसागर का तट हो,
हड़प्पा मोहन जोदाड़ो या क्रो-मैग्नन की गुफाओं के प्रांगन,
मानव की कहानी कैसे बढ़ी आगे?
किस देश ने, किस वक्त
किन महान सत्यों को किया हासिल?
कौन सा मूर्तिशिल्प? कैसा साहित्य?
कौन सा विज्ञान? कैसा संगीत?
किस रोशनी को जाता है यह संन्यास
कौन सा सपना? कैसी विजय?

4
'राष्ट्र-द्रोही' नास्तिक

वेमुला विज्ञान का छात्र था और नास्तिक भी। वह सामाजिक मुद्दों पर टिप्पणियां करता था और राजनीतिक परिदृश्य को भी गौर से देखा करता था। वह अपनी वैज्ञानिक सोच के आधार पर राजनीतिक विचारधाराओं और धर्म की आलोचना करता था। वह एक शोध छात्र था जिसे मानव संसाधन विकास मंत्रालय की चिट्ठियों में राष्ट्र-विरोधी घोषित कर दिया गया था लेकिन वह जानता था कि उसके अलावा कई सम्मानित लोगों ने राष्ट्र की अवधारणा पर सवाल खड़े किए हैं। अपनी इमैजिंड कम्युनिटी (1983) नाम की किताब में आयरलैंड के इतिहासकार और राजनीति विज्ञानी बेनेडिक्ट एंडरसन ने राष्ट्र को 'एक काल्पनिक राजनीतिक समुदाय' के रूप में परिभाषित किया जो 'मूलत: सीमित होने और संप्रभु होने, दोनों ही अर्थों में काल्पनिक' है। एंडरसन के पहले आंबेडकर ने भी 26 जनवरी 1949 को भारतीय राष्ट्रवाद पर सवाल खड़ा किया था: 'हज़ारों जातियों में बंटे लोग कैसे एक राष्ट्र हो सकते हैं? भारत में जातियां होती हैं और जातियां राष्ट्र विरोधी होती हैं जिसके कई कारण हैं। सबसे पहले तो वे सामाजिक जीवन में अलगाव लाती हैं। जातियां इसलिए भी राष्ट्रविरोधी होती हैं क्योंकि वे आपस में द्वेष और दुश्मनी की भावना पैदा करती हैं। लेकिन अगर हमें राष्ट्र का

स्वरूप ग्रहण करना है तो हमें इन सभी समस्याओं से बाहर निकलना होगा।' अगर राष्ट्र अपने आप में एक अवधारणा है जिसपर सवाल उठाया जा सकता है तो यह स्वाभाविक ही था कि अपने समय की राजनीतिक बहसों में गंभीरता से भाग लेने वाला वेमुला भी इसपर सवाल खड़ा करता।

वेमुला एक ऐसे राष्ट्रीय पहचान से अपने को जोड़ने की सारहीनता पर सवाल खड़ा करता है जो हमें (प्राय:) सोच समझकर नहीं बल्कि जन्म के आधार पर मिलती है। वह लिखता है कि भारतीय राष्ट्रीयता में दलित, आदिवासी, बहुजन और अल्पसंख्यकों को शामिल नहीं किया गया है। वेमुला अपनी समझदारी तथा अनुभव के आधार पर राष्ट्रवाद की जो आलोचना पेश करता है वह दरअसल ब्राह्मणवादी राष्ट्रवाद की आलोचना है। यह राष्ट्रवाद प्रभुत्ववादी, शोषक और सामाजिक विलगाव को बढ़ावा देने वाली व्यवस्था है।

राष्ट्रवाद और देशभक्ति को नागरिकता की एक आम कसौटी क्यों माना जाना चाहिए? उसे इस सोच से नफरत थी कि भारत में अपनी राष्ट्रभक्ति साबित करने के लिए दूसरे देशों (यानी पाकिस्तान) को नीचा दिखाना या उनसे दुश्मनी का प्रदर्शन करना आवश्यक माना जाता है। वह स्वतंत्रता दिवस पर

आयोजित ढकोसलों की खिल्ली उड़ाता था। उसे यह बात अश्लील लगती थी कि हम देश में व्याप्त सामाजिक और आर्थिक विषमताओं के बावजूद आज़ादी का जश्न मनाते हैं।

राष्ट्रवाद पर उसका लेखन जी. एलोसियस और कांचा इलैया जैसे विद्वानों से प्रभावित लगता है जिसके साथ वह अपने सटीक तर्क और उदाहरणों को भी पेश करता है।

राष्ट्र के बारे में वेमुला की आलोचना दरअसल एक समतामूलक भविष्य की संभावना पर उसकी टिप्पणी है।

i) राष्ट्र और राष्ट्रवाद

15 अगस्त 2013

एक और स्वतंत्रता दिवस आया और हमारे अभावपूर्ण जीवन को हल्के से गुदगुदा कर चला गया लेकिन हमें 'भारतीय होने पर गर्व' करना चाहिए। आज़ादी के 67 साल बाद भी हमारे बीच वर्ग विभेद और जाति विभेद बरकरार है लेकिन हमें 'अपने देश से प्यार करना चाहिए।'

हमारे देश में महिलाओं के लिए आज़ादी है लेकिन अगर कोई लड़की अपनी जाति से बाहर शादी कर लेती है तो हम अपनी 'इज़्ज़त' के नाम पर उसकी हत्या कर देते हैं। 'स्वतंत्रता

दिवस मुबारक हो'।

67 साल पुराने इस स्वर्ग में नवजात बच्चियों को कुछ भी बनने की स्वतंत्रता है लेकिन अगर उनके लिए शिक्षा चाहिए तो उन्हें प्राइवेट संस्थानों में दाखिले के लिए 60,000 रुपए की मोटी रकम देनी होती है। अगर वे सरकारी स्कूलों और विश्वविद्यालयों से पढ़ाई करती हैं तो नौकरी के लिए उन्हें किसी की 'सिफारिश' की ज़रूरत होती है। 'स्वतंत्रता दिवस मुबारक'।

अगर आप मुसलमान हैं तो बेहतर होगा कि आप किसी हिंदू से बहस में न उलझें। अगर आप दलित हैं तो फिर सवर्ण की आंख में आंख मिलाकर न देखें। ऐसा करने से भयंकर सांप्रदायिक दंगे होने का खतरा है। 'स्वतंत्रता दिवस मुबारक!'

दरअसल हमें अपने नेताओं को चुनने का मतलब हो गया है छोटे और बड़े शैतान के बीच चुनाव करना जिसका मतलब होता है हर पांच साल में बेवकूफ बनना। चुनावों में आज भी धर्म एक निर्णायक तत्व है। 'जय हिंद'।

हमें अपने खाने में मैकडोनाल्ड और डोमिनोज़ के बीच चुनाव करने की आज़ादी है। हमें इस बात की भी आज़ादी है कि देश भर में हो रही किसान आत्महत्याओं के बारे में अपनी ज़िम्मेवारी को हम नज़रअंदाज़ कर दें। 'स्वतंत्रता दिवस मुबारक!'

आपको अपने मुल्क से प्यार करना चाहिए और देश के प्रति आपके प्रेम का पैमाना है दूसरे देशों के प्रति आपकी नफ़रत। बस किसी पाकिस्तानी को गाली दीजिए और आपकी गिनती सर्वोत्तम भारतीयों में होने लगेगी! 'भारत माता की जय!'

खैर, आप सभी को एक आनंददायक स्वतंत्रता दिवस की शुभकामनाएं। बस इतनी उम्मीद करता हूं कि आज के दिन किसी निरपराध को हमारी सुरक्षा एजेंसियों के हाथों सिर्फ इस कारण से फर्ज़ी मुठभेड़ का सामना नहीं करना पड़ेगा क्योंकि वह किसी 'बदनाम' समुदाय से ताल्लुक रखता है। 'वंदे मातरम!'

'कई महात्मा आए और आकर चले भी गए लेकिन अछूत अछूत हीं बने रहे...जब तक लोगों को सामाजिक स्वतंत्रता नहीं मिलती है क़ानून के द्वारा दी गई किसी भी आज़ादी से तुम्हें कोई फायदा नहीं...'
आंबेडकर

22 मार्च 2014

जब मैं अपने समुदाय के बारे में बोलता हूं तो मैं गैर-राष्ट्रवादी हूं। लेकिन जब आप हमारे समुदाय को बहिष्कृत कर राष्ट्रवाद के बारे में बोलते हैं तो इस पर कभी सवाल नहीं उठाया जाता।

राष्ट्रवाद और इसका निम्न-वर्गों पर प्रभावः पिछड़े समुदाय की नज़रों से।

हमारे देश का राष्ट्रवाद कई अर्थों में अजीब है। हमारे इतिहास की किताबों में राष्ट्रवाद की जिस अवधारणा के बारे में पढ़ाया जाता है वह स्पष्ट तौर पर केवल ब्रिटिश साम्राज्य के विरोध पर आधारित है। इसमें अपने प्रति प्रेम का कोई भाव नहीं और न ही यह संघर्ष पूरे देश का संघर्ष था।

आज़ादी की लड़ाई और राष्ट्रवाद

[राष्ट्रवाद] अपने मौलिक स्वरूप में जिस प्रकार स्वतंत्रता संग्राम के रूप में अभिव्यक्त हुआ वह एक संभ्रांत वर्गीय आंदोलन था। इसमें निम्न वर्गों की कलात्मक विधाओं जैसे कि लोक-संस्कृति, राजनीतिक पहचान के लिए की गई लड़ाइयों को और सफलताओं में बराबर हिस्सेदारी के उनके अधिकार को दरकिनार किया गया। दरअसल, हाशिए के तबकों ने जब भी आत्मसम्मान की रक्षा के लिए संघर्ष किया और ब्राह्मणवादी तथा संभ्रांत वर्गीय हिंदू मूल्यों पर आधारित व्यवस्था के खात्मे की मांग की, उन्हें बुरी तरह से संदेह की नज़रों से देखा गया। अक्सर उन्हें उस समय प्रगति-विरोधी और राष्ट्र की एकता (?) पर खतरा पैदा करने वाला कहा गया। इसके

अलावा आज़ादी की लड़ाई में लाल-बाल-पाल [लाला लाजपत राय, बाल गंगाधर तिलक, बिपिन चंद्र पाल - संपादक], दयानंद-विवेकानंद की जोड़ी, टैगोर या बहुप्रतिष्ठित गांधी जैसे अतिरूढ़वादी और मनुवाद के पक्षधर लोगों को महत्वपूर्ण सामाजिक मुद्दों के बारे में अपने कट्टरपंथी विचारों को जायज़ ठहराने का अवसर दिया गया। इसी दौरान उनसे अलग राय रखने वाले समूहों को उनकी ब्राह्मणवादी सोच पर सवाल खड़े करने से रोका गया जिसकी वजह से उन्हें खुली छूट मिल गई।

भारतीय स्वतंत्रता संग्राम के नेताओं का मानना था कि अंग्रेज़ों के शासन ने भारत में सामाजिक-आर्थिक विषमताओं तथा हिंदू-मुस्लिम विभेद को जन्म दिया। मेरी राय में वंचित वर्ग के लोग इस मूलभूत मुद्दे पर अलग राय रखते थे क्योंकि सच्चाई कुछ और है। तथ्यात्मक प्रमाण स्पष्ट रूप से साबित करते हैं कि अंग्रेज़ों ने केवल उस वक्त मौजूद सामाजिक भिन्नताओं और संस्थागत असमानता का लाभ उठाया और उनका इस्तेमाल किया।

आज़ादी की लड़ाई के बारे में ऊपर दिए गए मेरे विचार किसी 'पवित्र' इतिहास की किताब से नहीं लिए गए हैं बल्कि ये भारतीय समाज के दबाए हुए तबकों की राय हैं। [इन समुदायों को- संपादक] कभी इस आंदोलन में निर्णायक भूमिका नहीं दी गई और आत्म-

सम्मान के लिए उनके संघर्षों को 'पहचान की राजनीति' कहकर नीचा दिखाने की कोशिश की गई। उन्हें तो यहां तक कि [अंग्रेज़ों का – संपादक] दलाल भी कहा गया।

दो राष्ट्रवाद

आजकल प्रचलित सांस्कृतिक आक्रामकता तथा अपने पड़ोसी देश के ख़िलाफ़ बेवजह नफरत देशभक्ति के विचार में पाई जाने वाली कमज़ोरियों को दर्शाती है। आज हमें राजनीतिक रूप से दो प्रकार के राष्ट्रवाद का विकल्प दिया जाता है। इनमें से एक है राष्ट्रवाद का 'Modi-fied' (मोदीवादी) संस्करण जिसके केंद्र में है भगवा हिंदुत्व। राष्ट्रवाद का दूसरा स्वरूप हमें 'खादी' राष्ट्रवाद में दिखाई देता है जिसके अंदर उदार-हिंदूवाद तथा प्रगतिशील ब्राह्मणवादी विचार केंद्रीय तत्व के रूप में पाए जाते हैं। यह भी ध्यान देने के लायक बात है कि राष्ट्रवाद के विषय में भारत की कम्युनिस्ट पार्टियां भी एक प्रकार के अंतर्विरोध से ग्रस्त दिखाई देती हैं जिसके कारण वे राष्ट्रवाद के इस कपटपूर्ण विचार का मज़बूती से विरोध नहीं कर पाई। राष्ट्रवाद के बारे में कम्युनिस्ट पार्टियों के बीच कई तरह के विचार देखने को मिलते हैं। उदाहरण के लिए (स्वतंत्रता संग्राम के दौरान) हथियारबंद क्रांतिकारी संघर्ष से लेकर सवर्ण जातीय स्वरूप

(पश्चिम बंगाल) और निराशावादी अकर्मण्यता (दक्षिण भारत) तक। मैं [भारतीय कम्युनिस्टों के बीच – संपादक] उन मंचों में पाई जाने वाली कुछेक छिटपुट, कमज़ोर राष्ट्रवाद प्रतिरोधी प्रवृत्तियों का समुचित सम्मान करता हूं, जो उतने राष्ट्रवादी मंच नहीं हैं।

देश भर में देशभक्ति के नाम पर आज जो कुछ हो रहा है वह इतिहास की इन्हीं विडंबनाओं का परिणाम है जिनके अंदर समाज के पिछड़े वर्गों के उत्थान की कोई परिकल्पना नहीं थी। इसीलिए समाज के इन वर्गों को राष्ट्रवाद के खतरों और देशभक्ति के विद्रूप तथा पुरातनपंथी विचारों के बारे में जानना ज़रूरी है जिसके अंदर उनकी पहचान, सम्मान और सामाजिक सुधार जैसे मुद्दों के लिए कोई स्थान नहीं है।

22 मार्च 2014

राष्ट्रवाद के बारे में हंगामे से दुखी

राष्ट्रीयता का असल में क्या अर्थ है? इस अनंत और विशाल ब्रह्मांड की शाश्वतता और व्यापकता के बीच सीमाओं तथा नामों को चिह्नित करने की बेचैनी हम धूर्ततापूर्वक अपने दिमाग में ढोते फिरते हैं। यह एक निहायत बेवकूफी भरा विचार है। हमारी कल्पना से भी विशाल इस ब्रह्मांड की तुलना में हमारी धरती सुबह के आसमान

में तैरते एक धूल के कण से ज्यादा कुछ भी नहीं है। हम यह मान बैठते हैं कि इस धरती पर हज़ारों साल पहले विचरण करने वाले विशालकाय जीवों से भी बड़े हैं। हम दावा करते हैं कि जंगल में उड़ती खूबसूरत तितली से भी बड़े हैं क्योंकि हम पढ़-लिख सकते हैं, हमारे पास संप्रेषण है और हम अपने ज्ञान का इस्तेमाल करना जानते हैं। लेकिन आधुनिक विज्ञान की तेज़ प्रगति के बावजूद जाति, लिंग और क्षेत्र के आधार पर संकीर्ण विचार रखने वाले लोग आज भी मौजूद हैं। यह इस बात का प्रमाण हैं कि हमने इस आधुनिक सामाजिक मानसिकता में कैसी कुत्सित शून्यता को पनपने का अवसर दिया है। विज्ञान के स्वर्णिम काल में जब हम मानव और प्रकृति, परमाणुओं और तारों, पदार्थों और अणुओं के बीच के खूबसूरत संबंध को समझ पा रहे हैं, हमारे देश का शिक्षित वर्ग राष्ट्र की सीमाओं जैसे बांटने वाले विचारों को हवा देने में लगा हुआ है। हम जिस हवा में सांस लेते हैं उसकी कोई राष्ट्रीयता नहीं होती। हम जो पानी पीते हैं, जिस बारिश का आनंद उठाते हैं, जिस आसमान को देखकर चकित होते हैं और इस दुनिया में जो प्यार प्रवाहित होता रहता है वह भी किसी राष्ट्र की सीमा में नहीं बंधा होता है...

राष्ट्रवाद हमारी कल्पना का एक अनचाहा दुष्परिणाम है। यह दूसरों को कठघरे में खड़ा करने का एक बहाना या किसी दूसरे इंसान की हार

का जश्न मनाने का कारण बन चुका है। जीव जगत में सबसे उत्कृष्ट मानव को माना जाता है। हम चीज़ों को नाम दे सकते हैं लेकिन मनुष्य ही इस खतरनाक प्रवृत्ति की खोज के लिए ज़िम्मेदार है। वह इस बीमारी का खामियाज़ा भी भुगत रहा है। हमें आपस में बांटने वाली पहचानों की जकड़ से निकलकर एक वैश्विक मानव चेतना के निर्माण की ज़रूरत है। मेरा मानना है कि वैश्विक नागरिकता के सिद्धांत के आधार पर ही हम अपने मजबूत भविष्य का निर्माण कर सकते हैं।

15 अगस्त 2014

हिंदुस्तानियों को पाकिस्तानियों से क्यों बात नहीं करनी चाहिए...अगर हम एक दूसरे के दोस्त बन जाएं तो? इससे भी भयंकर, अगर हम एक बार फिर से भाई बहन की तरह रहने लगें तो? [अगर ऐसा हो जाए तो] भारतीय जनता पार्टी, अखिल भारतीय विद्यार्थी परिषद, राष्ट्रीय स्वयंसेवक संघ जैसे संगठनों का क्या होगा? आओ हम सब राष्ट्रवाद और देशभक्ति के नाम पर एक दूसरे से नफरत करें। जन गण मन! भाई!

15 अगस्त 2014

आज जब देश आज़ादी का जश्न मना रहा है तो मैंने सोचा कि मैं आपको कुछ ऐसे स्वतंत्रता सेनानियों से मिलवाऊं जो हमारी पाठ्य-

पुस्तकों में कभी नहीं दिखते। उनके बारे में जानने की कोशिश कीजिए। देशभक्ति के अपने दायरे को देश के सुदूर कोनों तक ले जाइए। देश की मुख्यधारा के सांस्कृतिक योद्धाओं ने इन तबकों के साथ दूसरे दर्जे का बर्ताव किया है लेकिन आज़ादी की लड़ाई के दौरान इन समुदायों के अंदर अनेक शहीद भी पैदा हुए थे। आज़ादी की कल्पना उन्होंने भी की थी। आज के दिन कम से कम उन्हें याद करना उनके प्रति हमारी ज़िम्मेदारी बनती है।

68वे स्वतंत्रता दिवस की आपको शुभकामनाएं।

26 अगस्त 2014

राष्ट्रवादी चाहते हैं कि लोग देशभक्त और आज्ञाकारी बनें। ये दोनों दरअसल एक ही बात है। इसका विरोध प्रत्येक प्रगतिशील समूह को हर स्तर पर करना चाहिए। जो बेवकूफ विरोध के स्वर को राजसत्ता की ताकत के बल पर दबाना चाहते हैं उनका विरोध किया जाना चाहिए। उनका खुलेआम मज़ाक उड़ाना और सीधे-सीधे धिक्कारना लोकतंत्र की आत्मा की रक्षा के लिए आवश्यक है।

11 अक्टूबर 2014

मैं किसी भी युद्ध का समर्थन नहीं करता। मैं धर्म या राष्ट्र के नाम पर

युद्ध के विचार को खारिज करता हूं।

25 मई 2015

सच्चाई है कि राजसत्ता जनता की दोस्त नहीं होती। हम जितनी जल्दी इस बात को समझ जाएं हम उतनी ही अच्छी तरह बगावत कर सकते हैं।

30 नवंबर 2015

[मुंबई के एक सिनेमाहॉल में राष्ट्रगान के दौरान उठ कर खड़े नहीं होने पर एक मुसलमान परिवार को बाहर निकाल दिए जाने की घटना पर – संपादक]

दरअसल मुझे तो ऐसा लगता है कि एक मसाला मूवी के शुरू होने के पहले राष्ट्रगान बजाया जाना किसी के खड़े नहीं होने की तुलना में भारतीय चिंतन का बड़ा अपमान है। देशभक्ति का मतलब राष्ट्रगान के दौरान खड़ा होना नहीं है। देशभक्ति का अर्थ है दूसरे नागरिकों के साथ सम्मानपूर्ण बर्ताव करना। राष्ट्रगान के दौरान खड़े नहीं होने के कारण मुसलमान परिवार के प्रति हुए हिंसक बर्ताव की निंदा करता हूं।

5 दिसंबर 2015

ब्रिटेन की संसद के द्वारा सीरिया के ख़िलाफ़ फौजी कार्रवाई के समर्थन के ख़िलाफ़ लंदन के नागरिकों ने अपना रोष, असहमति और दुख व्यक्त किया है। अगर भारत में ऐसा हुआ होता तो उन्हें आतंकवादियों का समर्थक और राष्ट्रविरोधी कहा जाता। है न?

ii) धर्मनिरपेक्षता पर आलोचना

5 जुलाई 2013

मेरा दर्शन बहुत सरल है।

मैं इन दो 'वादों' को निहायद बेवकूफी भरा और तोड़ मरोड़ कर इस्तेमाल किया गया मानता हूं: धर्म और राष्ट्रवाद। ये दोनों सदियों से हिंसा का द्वार खोलते आए हैं।

दो प्रकार के आचरणों से मैं नफरत करता हूं: लालच और सामाजिक भेदभाव। ये दोनों उपनिवेशवाद और प्रभुत्व स्थापित करने वाले तरीकों के मुख्य लक्षण हैं।

जिन दो चीज़ों के लिए मैं अपनी जान भी हाज़िर कर सकता हूं: सहानुभूति और विवेक।

इस दुनिया की दो सबसे शक्तिशाली ताकतें: प्यार और प्रकृति।

6 दिसंबर 2014

आज के ही दिन बाबरी मस्जिद को ढहाया गया था। भारत के लोकतांत्रिक मूल्यों पर इस बर्बर हमले की आज वर्षगांठ है इस दिन आप कुछ विद्वानों के इन अनर्गल बयानों को देख सकते हैं:

1) मैं हिंदू हूं लेकिन मैं मस्जिद गिराए जाने के ख़िलाफ़ हूं।

2) अपने अनुयायियों के इस आचरण से राम दुखी हुए होते।

3) मेरे कल्पना जगत में सिर्फ आर्थिक कारकों का महत्व है... वगैरह वगैरह..

4) सहिष्णुता...हिंदू धर्म का सार तत्व...असली धर्म

जो लोग इस तरह हमदर्दी वाला जुबानी जमाखर्च करते हैं उनसे सावधान रहिए। इस तरह की सोच और मस्जिद को ढहाने वालों की सोच में कोई फर्क नहीं है। ऐसी बातें करने वाले लोग कब धार्मिक उन्मादी बन जाएं यह कहा नहीं जा सकता। कुछ ऐसे भी लोग हैं जो सहिष्णुता का मतलब समझते हैं भेदभाव। दुर्भाग्यवश इन्हीं लोगों ने हमेशा धर्मनिरपेक्षता की परिभाषा गढ़ी है। सहिष्णुता एक प्रकार की उद्दंड उदारता है जिसमें सम्मान का कोई भाव निहित नहीं है। अल्पसंख्यकों की जीवनशैली, संस्कृति और धार्मिक मान्यताओं को सहिष्णुता से देखने की ज़रूरत नहीं बल्कि उन्हें स्वीकार किए जाने और सम्मान देने की ज़रूरत है।

धर्मनिरपेक्षतावादियों के इस नज़रिए में लोगों पर कृपा का भाव दिखाई देता है। इसके अंदर वंचित वर्गों (धार्मिक अल्पसंख्यकों) के अधिकारों के प्रति एक प्रकार की तीखी आक्रामकता भी दिखाई देती है। इसे गहराई से समझने की ज़रूरत है। आज के दिन हिंदुत्ववादी शक्तियों द्वारा 'तांडव नृत्य' (उन्हीं के द्वारा हर्षातिरेक में प्रयुक्त शब्द) का प्रदर्शन किया गया है। यह ध्यान देने लायक है कि इस आचरण ने भारतीय धर्मनिरपेक्ष समुदाय की कमज़ोरियों का भी पर्दाफाश किया है।

हिंदुत्व जहां एक जहरीली विचारधारा है वहीं धर्मनिरपेक्षता चूंचूं का मुरब्बा ।

15 मई 2015

[कराची में बस हमले में शिया समुदाय के लोगों के जनसंहार के संदर्भ में - संपादक]

हमारे पड़ोसी देश में अल्पसंख्यकों पर हमले। हमले में मारे गए लोगों को इंसाफ मिले। आतंकवाद मुर्दाबाद।

1 जून 2015

जब एक गोरा आदमी भीड़ पर गोलियां चलाता है तो कहा जाता है कि

वह पागल होगा, वहीं जब एक मुसलमान महिला [हवाई जहाज़ में - संपादक] सोडे का डब्बा मांगती है तो कहा जाता है कि शायद वह एक आतंकवादी थी। पता नहीं हमारी सभ्यता किस दिशा में जा रही है?

6 जुलाई 2015

आइए उन बसों का स्वागत करें जो पूजा में पैदा हुई ऊर्जा से चलेंगी। आज वाइस-चांसलर महोदय ने पूजा कर जिन बसों को रवाना किया वह 300 किलोमीटर प्रति लीटर का माइलेज देंगी। बस अगर कहीं रास्ते में रुक जाए तो गणपति स्तोत्रम का पाठ करें। बस तुरंत चालू हो जाएगी। बस में ड्राइवर रखने की भी कोई ज़रूरत नहीं होगी। भगवान ही आपको बस में चढ़ाएंगे और उतारेंगे।

यात्रा के दौरान नारियल देव और कपूर देवता आपका ख्याल रखेंगे। वाइस चांसलर ने बस में जो तिलक लगाया वह रात के समय बस की हेडलाइट में बदल जाएगा और दुर्घटना होने पर छात्रों की जान बचाएगा।

मैं जानना चाहता हूं कि जिन माननीय अधिकारियों ने पूजा की उन्होंने पूजा सामग्री के लिए भुगतान अपनी जेब से किया था या विश्वविद्यालय की ओर से?

धर्मनिरपेक्ष कैंपस लेकिन परंपराएं उतनी धर्मनिरपेक्ष नहीं। छात्रों

की ओर से किसी तरह का विरोध भी नहीं।

7 जुलाई 2015

[केरल के मंत्री अब्दुल रब्ब द्वारा इस्लामी परंपराओं का हवाला देकर दीप प्रज्ज्वलित करने से इन्कार करने पर- संपादक]

हिंदू संगठनों ने किसी व्यक्ति द्वारा परंपराओं के पालन करने या नहीं करने के व्यक्तिगत अधिकार के ख़िलाफ़ प्रदर्शन किया है। अल्पसंख्यक चारों ओर से हिंदू अतिवादियों से घिरे हुए हैं जो वामपंथी और दक्षिणपंथी दोनों तरह के हैं।

20 सितंबर 2015

[वीडियो शेयर करते हुए – संपादक]

1. मध्यपूर्व में दुनिया के सिर्फ 20 प्रतिशत मुसलमान रहते हैं।

2. दुनिया भर के 60 प्रतिशत मुसलमान एशिया में रहते हैं।

3. मुसलमानों के प्रति दुनिया भर में जिस प्रकार का डर और गुस्सा दिखाई देता है वह मीडिया और नेताओं के द्वारा पैदा किया गया है। इसका मकसद है मुसलमानों और गैर-मुसलमानों के बीच संवाद को समाप्त करना और उन्हें मुख्यधारा से अलग थलग कर देना। हम इसके ख़िलाफ़ लड़ सकते हैं!

22 अक्टूबर 2015

एक आततायी (इस देश के अल्पसंख्यकों और दलितों के लिए आततायी) धर्म के पालन की आज़ादी को धर्मनिरपेक्षता नहीं कहा जा सकता। इसे समाजवाद या मार्क्सवाद कहने की बात तो छोड़िए। बंगाल के सीपीएम नेताओं के घरों पर दुर्गापूजा का आयोजन किया जाता है। केरल में कॉमरेड कृष्ण और विवेकानंद के नाम पर पागल हैं। तेलुगुभाषी राज्यों में वे हिंदू धर्म के पौराणिक देवी-देवताओं से संबंधित त्योहारों में सबसे आगे रहते हैं। हर संकट के दौरान किसी न किसी सत्य का उद्घाटन भी होता है। आज हम जानते हैं कि शोषणपूर्ण व्यवस्था (चाहे वह धार्मिक हो, सामाजिक हो या राजनीतिक) से मुक्ति के उद्देश्य में हमारे साथ कौन है और कौन नहीं। [पूजा के कार्यक्रम में एसएफआई के सदस्यों के शामिल होने की – संपादक] इस घटना ने साबित कर दिया है कि दलित प्रेरणास्रोत आंबेडकर तथा पेरियार भारतीय वामपंथ के ख़िलाफ़ क्यों थे।

iii) विज्ञान और जनता का अफीम

अगर वेमुला के वश में होता तो उसने नीत्शे के पहले ही घोषित कर दिया होता कि भगवान की मृत्यु हो चुकी है। वेमुला धार्मिक विधि विधानों और कर्मकांडों की निष्ठुर आलोचना करता था। वह इन्हें

बेमतलब और बेवकूफी से भरा मानता था। विश्वविद्यालय, सड़कों तथा सार्वजनिक परिवहन जैसे जैसे स्थलों पर आयोजित किए जाने वाले हिंदू धार्मिक विधि-विधानों को देखकर वह धर्मनिरपेक्षता की अवधारणा पर सवाल उठाता था। उसकी दृष्टि में ये आयोजन बहुसंख्यक हिंदुओं के धार्मिक विश्वासों का पक्ष लेते हैं। वह सभी धर्मों के प्रति समान आचरण नहीं करने के लिए सरकार और राजसत्ता की आलोचना करता था। वेमुला अल्पसंख्यकों पर अत्याचार की भी आलोचना करता था। धार्मिक आतंकवाद भी उसकी निंदा के दायरे में आता था।

वेमुला की आलोचना में कटाक्ष का गहरा पुट दिखाई देता है। इसी पर भड़क कर हैदराबाद विश्वविद्यालय के कुछ छात्रों ने उसके ख़िलाफ़ धार्मिक भावनाओं को ठेस पहुंचाने और समुदायों के बीच वैमनस्य फैलाने के नाम पर पुलिस में मुकदमा भी दायर करवाया था।

धर्म की आलोचना करते हुए वेमुला वैज्ञानिक दृष्टिकोण को सामने लाता है। इसलिए उसकी व्याख्याएं तात्विक रूप से ठोस हैं और वह धर्म की बेबाक आलोचना भी सफलतापूर्वक कर पाता है।

10 मार्च 2013

त्योहारों का असली मकसद होना चाहिए अपने प्रियजनों के साथ वक्त बिताने का अवसर प्रदान करना न कि मूर्तिपूजा करना। सबसे

बुद्धिमान प्रजाति के सदस्य होने के तौर पर हमें इतनी समझदारी तो होनी ही चाहिए कि अपनी असुरक्षा और कमज़ोरियों के नाम पर हम पैसे बर्बाद न करें। अगर कहीं ईश्वर होंगे तो उन्हें त्योहार के दिनों में पूजापाठ जैसे बेमतलब आयोजनों को देखकर सचमुच तकलीफ हो रही होगी।

14 मार्च 2013

धर्म एक शक्तिशाली मनोवैज्ञानिक तकनीक है जिसका इस्तेमाल मानवता पर नियंत्रण करने और सत्ता को अपने पास बनाए रखने के लिए किया जाता है।

22 अगस्त 2013

[आसाराम बापू के ख़िलाफ़ बलात्कार के आरोप के संदर्भ में-संपादक]

बाबाजी के चमत्कार! अब वो क्या कहेंगे? 'उस लड़की के साथ छेड़खानी मैंने नहीं बल्कि ईश्वर ने मेरे शरीर के द्वारा की!!!' और जैसा कि हमेशा होता है हम उन पर लगे आरोपों से आंख मूंद कर ईश्वर के अवतार के रूप मे उनकी पूजा करते रहेंगे क्योंकि हमें पूरा यकीन है कि यह नैतिक रूप से सही है।

22 अगस्त 2013

धर्म के बारे में मेरी आलोचना को व्यक्तिगत रूप में न लें मैं सिर्फ आपके ही नहीं बल्कि सभी धर्मों को खारिज करता हूं।

8 सितंबर 2013

आज हैदराबाद की सड़कों से गुज़रते हुए मेरे मन में कल मनाए जाने वाले गणेश चतुर्थी के मांगलिक उत्सवी माहौल के बारे में कुछ सवाल उभरे। मुझे उलझन में डालने वाली सबसे पहली चीज़ है: लोग सुपरमैन, स्पाइडरमैन के जन्मदिन या आयरनमैन की विजयादशमी कब मनाना शुरू करेंगे? मेरे प्रगतिशील और तर्कवादी बेवकूफो, कृपया मेरी बातों को प्रलाप न समझें। मैं आपको धर्मग्रंथों, जिन्हें कॉमिक की किताबें कहना ज़्यादा सही रहेगा, में यह सब दिखा सकता हूं (बल्कि ठीक-ठीक कहें तो उन्हें चमत्कार कॉमिक्स कहा जा सकता है, भले ही वे ग्रंथ हैं)

और हां, मेरे भगवानों (सुपरमैन, स्पाइडरमैन या आयरनमैन) को काल्पनिक कहकर मेरी धार्मिक भावनाओं को ठेस न पहुंचाएं। बोलो शक्तिमान भगवान की जय। शुभरात्रि।

17 सितंबर 2013

मेरे जिन दोस्तों ने सामाजिक कुरीतियों और अंधविश्वासों के ख़िलाफ़ मेरी आवाज़ को दबाने की कोशिश की उन्हें मैं एक बात बड़ी स्पष्टता से कहना चाहता हूं।

दोस्तो, आग को कभी रूई के फाहों से बुझाने की कोशिश मत करना। और एक कॉमरेड को किसी गैर-लोकतांत्रिक लड़ाई में धकेलने की कभी मत सोचना। यह बड़ा ही भड़काऊ मामला है और इससे किसी को फ़ायदा नहीं होगा। आज तुमने मुझपर गलत तरीके से हमला किया है। मैं तुम्हारी कोशिश की तारीफ करता हूं। इसने मुझे इस संघर्ष की गंभीरता के बारे में आगाह किया है। पहले मैं लापरवाह था लेकिन अब मैं इस मामले में सावधानी बरतूंगा। आपको उचित जवाब ज़रूर मिलेगा और मैं इसका बखूबी बदला लूंगा।

गोपराजू रामचंद्र राव (गोरा) और डॉ. नरेंद्र दाभोलकर जैसे लोगों द्वारा दिखाए गए रास्ते पर चलकर मैं बहिष्कृत करने वाली विचारधाराओं और अंधविश्वास के ख़िलाफ़ अपनी लड़ाई जारी रखूंगा।

मेरे बेशर्म, असहिष्णु और बंद दिमाग वाले धार्मिक ब्रिगेड के लोगों को मेरा इन्कलाबी सलाम।

लाल सलाम।

3 अक्टूबर 2013

मैं स्वर्ग में जाने या वहां मिलने वाली मदिरा के लोभ से कोई काम नहीं करता। मैं तभी कोई काम करता हूं जब मुझे करने की इच्छा होती है...अपना निर्णय लेने के लिए मैं धर्मग्रंथों या मंत्रों का सहारा नहीं लेता...मेरे पास नामुराद एक दिमाग है जो निर्णय ले सकता है।

16 अप्रैल 2014

आज के विज्ञान शिक्षण में इस बात की कमी है। स्कूलों और कॉलेजों में भी विज्ञान ऐसे पढ़ाया जाता है जैसे कि एक मरा हुआ गोरा आदमी इसे पढ़ा रहा हो। विज्ञान जीवंत, सदाबहार और मज़ेदार विषय है। अफसोस, आज यह केवल प्रमाणपत्र जमा करने का साधन बनकर रह गया है क्योंकि इसमें भारी भरकम शब्दों का प्रयोग किया जाता है जिसके बारे में किसी को जानकारी नहीं होती। विज्ञान पढ़ाने के लिए तो बिल नी (विज्ञान शिक्षक) की पद्धति का इस्तेमान किया जाना चाहिए।

14 अक्टूबर 2014

14 अक्टूबर 1956 को आंबेडकर ने बौद्ध धर्म को अपनाया। उन्होंने अपना प्रण पूरा किया कि वह अपमानजनक और अन्यायपूर्ण हिंदू धर्म में रहते हुए प्राणत्याग नहीं करेंगे।

5 नवंबर 2014

और जब धार्मिक शिक्षाएं 'संस्कृति' का रूप धरकर सामने आती हैं तो इसका प्रतिरोध भी मज़बूती से किया जाना चाहिए।

14 फरवरी 2015

[नॉर्थ कैरोलाइना में तीन मुसलमान युवकों के मारे जाने की खबर पर – संपादक]

नास्तिकता का अर्थ आस्तिक लोगों का विरोध करना नहीं होता है। किसी बात पर सवाल खड़ा करने का मतलब उससे नफ़रत करना नहीं होता है। कभी-कभार थोड़ा अलग खड़े होने का अर्थ भी उस विचारधारा को नहीं मानने के समान हो सकता है। किसी की हत्या, डराना-धमकाना या दूसरों की स्वतंत्रता का हनन करना किसी भी तरह से नास्तिकता के विचार से मेल नहीं खाता। नास्तिकता दरअसल संगठित धर्मों में व्याप्त असहिष्णुता पर सवाल खड़ा करता है। अगर कोई व्यक्ति नास्तिकता के नाम पर खुद भी वैसी ही असहिष्णुता दिखाता है तो उसे नास्तिक नहीं कहा जा सकता। इन तीन खूबसूरत आत्माओं की हत्या करने वाला इंसान हृदयहीन व्यक्ति होगा और उसे नास्तिक कहने का कोई अर्थ नहीं।

4 सितंबर 2015

धर्म बकवास है। यह दुनिया पर राज करने की चाहत रखनेवाली और दंभी विचारधाराओं की खतरनाक संतान है।

31 मई 2015

बेवकूफ स्वामी [गेरुआ वस्त्रधारी प्रसिद्ध चिन्ना जीयर स्वामी, जिन्होंने छात्रों के बीच राष्ट्रभक्ति की भावना के विकास के लिए एबीवीपी की सराहना की थी- संपादक] को हज़ार साल पुरानी पुस्तकों को पढ़ना बंद कर देना चाहिए। उन्हें विज्ञान को समझने की कोशिश करनी चाहिए। इस महान स्वामी का सोचना है कि विकासवाद के सिद्धांत का अर्थ है अपने माता-पिता को बंदर समझना। ऐसे व्यक्ति को बोलने के लिए बुलाने वाले आईआईटी पर धिक्कार है।

21 जुलाई 2015

बिना किसी इंसान की मदद के आसमान में उड़ने वाला यान (अनमैन्ड एरियल वेहिकल, यूएवी) एक शक्तिशाली वैज्ञानिक आविष्कार है। इसी तकनीक का इस्तेमाल ड्रोन में भी किया जाता है जो कई विकसित देशों के लिए एक मुख्य हथियार है। सबसे अधिक संख्या में ड्रोन वाले देशों में भारत का स्थान दूसरा है।

दुर्भाग्यवश, इस तकनीक के बारे में भारत के पास कोई नीति नहीं है। इस प्रकार के शक्तिशाली तकनीकों पर नज़र रखी जानी चाहिए।

5 सितंबर 2015

केवल नालंदा और एथेंस के स्कूलों ने ही विज्ञान और दर्शनशास्त्र में योगदान नहीं दिया है। बगदाद के स्कूल ऑफ विज़्डम ने विज्ञान के क्षेत्र में दूसरों की तुलना में कहीं ज़्यादा योगदान किया है।

18 अक्टूबर 2015

मैं वाहन पूजा [नई गाड़ियों की खरीद पर की जाने वाली पूजा — संपादक] के ख़िलाफ़ हूं। 2015 ई. में एक संस्था के अंदर इस तरह के अवैज्ञानिक विधि-विधानों के आयोजन के लिए कोई ठोस तर्क नहीं है। अब वक्त आ गया है कि हम इस प्रकार के बेमतलब कर्मकांडों और परंपराओं के बीच के अंतर को समझें। ऐसी गैर-वैज्ञानिक (और बेहूदा) गतिविधियों के सामने विश्वविद्यालय को चुप नहीं बैठना चाहिए।

5

जाति कोई अफ़वाह नहीं

वेमुला के लेखन में हर जगह जाति की चर्चा आती है। वह इतिहास में किए गए अन्यायों को उनके आधुनिक उदाहरणों के सामने रखकर अपनी बात कहता है। वह उन ब्राह्मणवादी मूल्यों का भी विरोध करता है जो दलित तथा अन्य पिछड़े समुदायों की सांस्कृतिक अभिव्यक्ति को कमतर आंकता है और उन्हें ध्वस्त करने की कोशिश करता है। वह गोहत्या एवं गोमांस पर प्रतिबंध, गोमांस खानेवालों की हत्या और नफरत फैलाने वालों के ख़िलाफ़ राज्य की ओर से किसी भी कार्रवाई नहीं किए जाने का भी तीखा विरोध करता है। इस विरोध के आधार पर वह जातिवादी फासीवादी शक्तियों के ख़िलाफ़ प्रतिरोध आंदोलन खड़ा करना चाहता है।

वेमुला का मानना था कि आधुनिक काल में जातिवादी व्यवस्था विभिन्न रूपों में दिखाई देती है। इन सबके बारे में खुली बहस के आधार पर ही इस दमनकारी व्यवस्था को समाप्त किया जा सकता है। तथाकथित इज़्ज़त के नाम पर की जाने वाली हत्याओं, बलात्कार और दलित महिलाओं की हत्या के बारे में लिखते हुए वेमुला बताता है कि भारत में अन्याय के मूल में केवल आर्थिक असमानता (वर्ग संघर्ष) ही नहीं है। आर्थिक संपन्नता की सीढ़ियां चढ़ने के बावजूद लोग इस तरह के अन्याय

को सहने के लिए मजबूर होते हैं।

भूमिसुधार के आंदोलन का नेतृत्व करते हुए भी जाति की सच्चाई से आंख नहीं मूंदा जा सकता। बलात्कार की भर्त्सना करते हुए भी इसे अनदेखा नहीं किया जा सकता न ही उस समय जब हम देश में आवास और विकास की समस्याओं के बारे में बात कर रहे होते हैं। रोहित अपनी कई टिप्पणियों में इन बातों की व्याख्या करता है जो #CasteIsNotARumour हैशटैग के तहत लिखे गए थे।

i) जाति का खात्मा

1 अक्टूबर 2013

असुर पर्व [जिसमें हाशिए के द्रविड़ीय सम्मान का जश्न मनाया जाता है – संपादक]: क्योंकि मैं असुर परिवार का सदस्य हूं।

5 दिसंबर 2013

महाराष्ट्र के दलित वर्गों के आंदोलन दलित पैंथर्स के लिए ब्लैक पैंथर्स प्रेरणा का स्रोत है। विचारों की हत्या करना मुमकिन नहीं।

28 सितंबर 2014

[बिहार के पूर्व दलित मुख्यमंत्री जीतन राम मांझी के मंदिर में प्रवेश के बाद पुजारियों के द्वारा मंदिर को धोने की घटना के संदर्भ में- संपादक]

सामाजिक मान्यताओं को तोड़ पाना मुख्यमंत्री के लिए भी संभव नहीं हो पाता है और लोग कहते हैं कि आधुनिक काल में जाति है ही नहीं!

27 अक्टूबर 2014

जाति के बारे में नहीं बोलने से जाति व्यवस्था समाप्त नहीं हो जाएगी। हां, इतना ज़रूर होगा कि यह भेदभाव को बेनाम बना देगा। हमारा संघर्ष जाति की राजनीति नहीं है, यह तो हमारी पहचान की लड़ाई है। आपके विकृत इतिहास ने हमें जो विनाशकारी पहचान दी है, हमारी लड़ाई तो उसके ख़िलाफ़ है।

क्योंकि:

'अगर मैं बोलूं तो भी मुझे बुरा कहोगे,
अगर न बोलूं तो भी!'

विक्टर ह्यूगो

4 अप्रैल 2015

दलित नारीवादी आंदोलन एक विद्रोह है जो तबके की अंदरूनी दीवारों को तोड़ रहा है।

22 मई 2015

[अंतर्जातीय विवाह करने के अपराध में प्रेमी-प्रेमिका पर 50000 रुपए का दंड लगाए जाने पर- संपादक]

'खूबसूरत' जाति-व्यवस्था को तोड़ने के अपराध में जुर्माना! फ़िक्र मत कीजिए, ऐसी बातों के ख़िलाफ़ कोई भी बात नहीं करेगा। आखिर अपनी आरामदेह जगहों बाहर आकर कोई भला क्यों परेशान होना चाहेगा।

22 जून 2015

[आईआईटी पास करने वाले दो दलित छात्रों पर अपने गांव में पत्थर बरसाए जाने की घटना के संदर्भ में – संपादक]

मनुवादी बाधाओं को तोड़ने का यही ईनाम है। सावित्री बाई [फुले] को भी ऐसे ही अन्यायों का सामना करना पड़ा था। आज वे आततायी मर चुके हैं, लोग उन्हें भूल चुके हैं। क्रांतिकारी सावित्री बाई फुले आज भी हमें रोज़ाना के संघर्षों में प्रेरणा देती हैं।

जय भीम!!

22 जुलाई 2015

एक तरफ तो कुछ लोग स्वच्छ भारत की रट लगाए हुए हैं तो वहीं दलित महिलाओं की हत्या और बलात्कार की घटनाएं हो रही हैं। भारत को धिक्कार है।

29 अगस्त 2015

नस्लवाद एक मनोवैज्ञानिक बीमारी है न कि राजनीतिक अर्थव्यवस्था का परिणाम। इसलिए इसके ख़िलाफ़ लड़ाई वर्ग-संघर्ष के माध्यम से संभव नहीं।

29 नवंबर 2015

रॉय ने कहा, 'मोदी सरकार ब्राह्मणवाद को बढ़ावा दे रही है।' जबसे भारतीय जनता पार्टी सत्ता में आई है तभी से दलित और मुसलमान यही बात कह रहे हैं लेकिन किसी ने इस पर कान नहीं दिया। कल जब अरुंधति रॉय ने यही बात कही तो देश का हर उदारवादी, दुविधाग्रस्त कम्युनिस्ट ऐसे बर्ताव कर रहा है जैसे यह विनाशकारी खबर उन्होंने ज़िंदगी में पहली बार सुनी है।

#काश मेरा नाम रोहित रॉय होता।

ii) जाति और गोमांस

3 मार्च 2015

महाराष्ट्र में गोमांस पर प्रतिबंध के एक पहलू पर ध्यान नहीं दिया गया है। मामला भैंसों से संबंधित है। गाय और बैलों की हत्या पर प्रतिबंध लगने के बावजूद लोग भैंसों को मारकर उसका मांस खा सकते हैं। भारत के द्रविड़ों के पशु भैंस को कोई भी सुसंस्कृत बेटा नहीं मिला जो उसे माता कहकर बुलाता हो। इस मामले में तथाकथित पशु प्रेमियों और घासपात खाने वाले आंदोलनकारियों की चुप्पी हमारे देश के महान साहित्य और संस्कृति के अंदर छुपे हुए पक्षपात की कलई खोलती है।

अगर आपको लगता है कि वर्ण-व्यवस्था केवल इंसानों के ऊपर ही लागू होती है तो इसपर फिर से सोचिए। भारत में जो कोई भी चीज़ चलती-फिरती है उसे किसी न किसी खांचे में डाल दिया जाता है और हमारे समाज के कुछ जानवरों को भी सवर्ण होने का दर्जा मिला हुआ है।

5 मार्च 2015

इस नीले उपग्रह पर हमें एक अलग प्रजाति के रूप में अपनी जगह बनााने में खाना बनाने की कला का हाथ है। दुनिया की हर संस्कृति के साथ एक विशिष्ट भोजन का नाम जुड़ा होता है। आंबेडकर ने साफ-साफ लिखा है कि सिंधु घाटी सभ्यता के दौरान गोमांस प्रचलित था। उस समय की उपलब्ध कलाकृतियों से जाहिर होता है कि गाय को पवित्र मानना समाज द्वारा गढ़ी गई एक मान्यता है।

महाराष्ट्र में गोमांस पर प्रतिबंध लगाने के राजनीतिक और सांस्कृतिक पहलू हैं। अगर आपने जॉर्ज ऑरवेल की किताब 1984 पढ़ी है तो आप इसमें बताए गए 'बिग ब्रदर' और भारतीय जनता पार्टी, 'वैचारिक पुलिस', क़ानून बनाने वालों, 'कमरा संख्या 101' और देश की वर्तमान स्थिति के बीच समानता देख सकते हैं। हमें क्या सोचना चाहिए, क्या नहीं सोचना चाहिए, क्या खाना चाहिए, कैसे सपने देखने चाहिए इन सब पर नियंत्रण करने की कोशिश मोदी सरकार द्वारा सर्वाधिकारवादी शासन स्थापित करने की दिशा में कोशिशों को दर्शाता है। हिंदुत्ववादी विचार की भेदभावपूर्ण आध्यात्मिकता इस प्रक्रिया को बल प्रदान कर रही है। गोमांस पर प्रतिबंध ने सरकार के ऊपर ब्राह्मणवादी शक्तियों के वर्चस्व की पोल खोल दी है।

इसके पहले कि वे प्रतिरोध को ही प्रतिबंधित कर दें, प्रतिरोध करो।

16 अप्रैल 2015

बीफ फेस्टिवल (गोमांस समारोह):

गोमांस समारोह के सफल आयोजन के द्वारा दलित स्टूडेंट्स यूनियन (डीएसयू), हैदराबाद केंद्रीय विश्वविद्यालय, ने मोदीमय भारत को एक सशक्त संदेश दिया है कि इस विश्वविद्यालय के छात्र ब्राह्मणवादी मूल्यों को फासीवादी तरीके से थोपा जाना कतई स्वीकार नहीं करेंगे। गोमांस का सेवन व्यक्तिगत निर्णय नहीं बल्कि एक सांस्कृतिक वक्तव्य है। यह एक राजनीतिक कदम है। हिंदू धर्म के उपादानों का प्रयोग कर ब्राह्मणवादी व्यवस्था ने हमेशा से इस देश में दलितों और अल्पसंख्यकों को प्रताड़ित किया है। हाल में महाराष्ट्र में गोमांस पर लगाया गया प्रतिबंध पिछड़े वर्गों के सम्मान पर किया गया कठोर हमला है। आंबेडकर स्टूडेंट्स एसोसिएशन तथा डीएसयू द्वारा आयोजित विरोध प्रदर्शन अपने अर्थों में क्रांतिकारी कदम हैं। इस प्रकार के विरोध प्रदर्शनों से हमारा यह दावा मज़बूत होता है कि भगवा सवालों का एक ही जवाब है- नीला और सिर्फ नीला।

12 दिसंबर 2015

[करनाल, हरियाणा में गौ-रक्षकों ने एक और हत्या की। तीन महीने के अंदर यह पांचवीं हत्या थी - संपादक]

जो लोग मानते हैं कि गाय उनकी माता है और इसलिए गोमांस खाने वालों की हत्या करते हैं उन्हें तुरंत राष्ट्रद्रोही घोषित किया जाना चाहिए और उन्हें मानसिक अस्पताल में भरती करवाया जाना चाहिए।

अगर किसी संगठित आंदोलन ने इन गौदलों की तरह हत्याएं की होतीं तो अबतक उन्हें आतंकवादी संगठन घोषित कर दिया गया होता।

13 दिसंबर 2015

गोमांस से हटकर, गाय की राजनीति:

उस्मानिया विश्वविद्यालय में आयोजित गोमांस समारोह ने तीखी बहसों को पैदा किया है। ये बहसें भोजन संस्कृति से आगे कई और मुद्दों की ओर हमारा ध्यान खींचती हैं। सबसे पहले तो मैं यह कहना चाहता हूं कि मैं उन लोगों में से नहीं हूं जो मानते हैं कि गोमांस खाना ही मुक्ति का द्वार खोलता है। मैं किसी प्रकार की संस्कृति को जायज़ ठहराने की कोशिश भी नहीं कर रहा। अगर किसी परंपरा के पक्ष में झूठे वैज्ञानिक तर्क दिए जाते हैं तो मैं ऐसी संस्कृति में शामिल

नहीं होना चाहूंगा न ही उस संस्कृति को बचाने के लिए किसी तरह का तर्क गढूंगा।

गोमांस खाने के मूल मुद्दे की बात करें तो मैं मानता हूं कि सार्वजनिक रूप से गोमांस खाने का अर्थ इतिहास या संस्कृति की किसी खोई परंपरा को वापस लाना नहीं है। इसका मकसद है आधुनिक भारत की उन शक्तियों का विरोध जो दूसरों के जीने के तौर-तरीकों को नियंत्रित करना चाहती हैं। गोमांस खाना प्रतिरोध की संस्कृति का हिस्सा है जिसकी कद्र हर किसी को करनी चाहिए। यह केवल दलित प्रतिरोध का मुद्दा नहीं है।

गोमांस खाना और इसका जश्न मनाना उन लोगों का साथ देना है जो गोमांस के नाम पर इस देश में मारे जा रहे हैं। हमें यह समझना होगा कि भारतीय जनता पार्टी, विश्व हिंदू परिषद और राष्ट्रीय स्वयंसेवक संघ जिस गोमांस विरोधी आंदोलन का नेतृत्व कर रहे हैं वह दरअसल मुसलमान अल्पसंख्यकों को प्रताड़ित करने का एक हथकंडा है। अगर हमने इसकी तरफ ध्यान नहीं दिया तो बहुत जल्द इस देश में बड़े पैमाने पर बवाल पैदा होगा जिसे हम चुपचाप देखते रहेंगे। गाय की पवित्रता की बात आज दलितों के ख़िलाफ़ उतनी नहीं है जितनी कि यह मुसलमान विरोधी दुष्प्रचार है। यही मौका है जब हम इस देश के अल्पसंख्यकों को आंबेडकर की विचारधारा से

धीरे-धीरे परिचित करवाएं। आंबेडकर को समझने वाले हर व्यक्ति के लिए यह करना आवश्यक है।

गाय को पशु जगत में किसी भी तरह का विशिष्ट स्थान देना दुनिया भर में वैज्ञानिक सोच के नाम पर धब्बा है। अगर कोई व्यक्ति देश में गायों की हालत से दुखी है तो ऐसे दलों, शाखाओं को आज ही सभी ट्रैक्टरों और खेती की मशीनों को जला देना चाहिए और खेती के कामों में गाय-बैल का इस्तेमाल शुरू कर देना चाहिए।

शाकाहारी, गाय का मांस नहीं खाने वाले मांसाहारी और दलितों के बीच गैर-राजनीतिक लोगों को समझना होगा कि उनकी चुप्पी हिंदुत्व की विचारधारा को मदद कर रही है।

क्या आपने इस बात पर ध्यान दिया कि इस बहस (गाय-गोमांस की बहस) के दौरान किसी ने भी आंबेडकर या आंबेडकरी आंदोलन की आलोचना करने की जुर्रत नहीं की? कल तक वे बढ़-चढ़ कर साबित करने की कोशिश कर रहे थे कि दलितों के सभी आंदोलन सिर्फ पहचान की राजनीति तक सीमित हैं लेकिन आज उन्होंने जैसे अचानक आंबेडकर को पहचान लिया है! आज वे आंबेडकर को अपने पाले में हड़पने की कोशिश में लग गए हैं। हमने अगर अभी उनका प्रतिरोध नहीं किया तो हमें पालतू बनने में देर नहीं लगेगी।

जय भीम!

iii) आरक्षण

13 जून 2015

मेरे कुछ भले मित्र पूछते हैं-

1. उच्च जातियों के बीच भी गरीब लोग होते हैं। उन्हें भी आर्थिक आधार पर आरक्षण क्यों नहीं दिया जाना चाहिए? दलितों के बीच भी समृद्ध लोग होते हैं। इसके बाद वह सवाल पूछते हैं- उन्हें आरक्षण की सुविधा क्यों मिलनी चाहिए? (मैं यह स्वीकार करता हूं कि इनमें से कई मित्र सामाजिक कार्यकर्ता भी हैं और आंबेडकरी भी जिनके हृदय में आंबेडकर के प्रति गहरा सम्मान है।) मैं उनसे अपनी बात कभी नहीं बता सका, शायद संकोच के कारण। लेकिन इन प्रश्नों के बारे में मेरा जवाब ये है:

हमारे 'महान भारत' में दलितों जिस भेदभाव और बहिष्करण का सामना करते हैं, वह 'आर्थिक' (भेदभाव और बहिष्करण) नहीं है। इसका कोई एक कारण नहीं है। मेरे सहित अन्य दलितों को इस बात से कोई एतराज़ नहीं कि दूसरे वंचित वर्गों को भी आगे बढ़ाने के लिए सरकार की ओर से सहायता दी जानी चाहिए। अगर उन्हें लगता है कि उन्हें भी थोड़ा आरक्षण मिलना चाहिए तो हम मिलकर यह लड़ाई लड़ेंगे।

कुल मिलाकर आज भी **52** प्रतिशत स्थान आरक्षण के दायरे से

बाहर हैं। इनमें से एक हिस्सा उच्च जाति के उन लोगों को दिया जा सकता है जो गरीबी रेखा से नीचे रह रहे हैं। मेरा विरोध सिर्फ इस बात से है कि आप दलितों के ख़िलाफ़ हो रहे भेदभाव की तुलना उच्च वर्ग के लोगों की गरीबी के साथ करते हैं। यह गलत अवधारणा है। इसमें विरोधाभास है।

जय भीम!

28 अगस्त 2015

पटेलों के लिए आरक्षण

गुजरात में आरक्षण की मांग को लेकर पटेलों का आंदोलन अचंभित करने वाली बात नहीं है। भारत के कई राज्यों में राजनीतिक दबदबा रखने वाली कई जातियों ने आज़ादी के बाद अपने प्रभाव या आंदोलन के बल पर आरक्षण की सुविधा प्राप्त की है। आंकड़ों में हेरफेर कर ऐसा कर पाना हमेशा संभव रहा है। सरकारी आंकड़ों को सही अर्थों में मेक इन इंडिया कहा जा सकता है।

पटेलों का आंदोलन अनूठा है क्योंकि यह गुजरात में पैदा हुआ है। इसमें कई तरह के खतरे दिखाई देते हैं जैसे कि दूसरी जातियों के अंदर भी कुलबुलाहट पैदा होने की संभावना।

इस विषय पर विचार करते हुए अनेक बिंदुओं पर ध्यान देने की

रोहित वेमुला।

ज़रूरत है। इनमें से कई सवाल बड़े ही महत्वपूर्ण हैं जिनका जवाब हमें मिलकर ढूंढ़ना होगा। मसलन 'दलितों को इस मामले को किस प्रकार देखना चाहिए??' ऐसे आंदोलन जब भी पैदा होते हैं तो अनुसूचित वर्गों के अंदर विविधता की समझ से शून्य मीडिया जानबूझ कर एक प्रकार का नैतिक उहापोह पैदा कर देता है। दलितों ने मंडल कमीशन का समर्थन किया था और उनसे उम्मीद की जाती है कि वे पटेलों के 'ख़िलाफ़' खड़े नहीं होंगे। इसका बड़ा ही आसान जवाब है। आंदोलन के बारे में सवाल खड़े करने का मतलब होगा आरक्षण के विचार को कठघरे में खड़ा करना। भारतीय जनता पार्टी के केंद्र में शासन के दौरान इस पर चर्चा नहीं करना ही ठीक है।

बेशक यह सच है कि पटेल आरक्षण की मांग को सबसे ज़्यादा समर्थन उन्हीं क्षेत्रों से मिल रहा है जो ऐतिहासिक रूप से घोर आरक्षण विरोधी रहे हैं। दलितों को यह फैसला करना चाहिए कि गैर-ज़रूरतमंदों के आरक्षण का विरोध करना असल में सकारात्मक कार्रवाई (आरक्षण) के विचार का समर्थन करना ही है और यह मंडल अधिनियम का समर्थन करने से अलग नहीं है। 'समान अवसर', 'मेधा', 'सार्वजनिक विवेक' और 'आरक्षण विरोधी तर्कों को मुख्यधारा में शामिल किए जाने' जैसे विचारों को हमें शैतानी अवधारणाएं मानने की ज़रूरत नहीं है क्योंकि आज, कम से कम

अकादमिक मंचों पर, दलित इन विषयों पर बहस करने में सक्षम हैं। क्रांतिकारी सामाजिक कार्यकर्ताओं को भी इसे ज़ोर देकर दुहराना चाहिए कि जाति पीड़ित भारतीय समाज में मौजूद विरोधाभासों का समान रूप से समर्थन आवश्यक नहीं है।

इसी गुजरात में पटेलों के बाद अब ब्राह्मण भी आरक्षण की मांग कर रहे हैं। आने वाले समय में अगर दलितों के साथ-साथ ब्राह्मणों को भी आरक्षण दिया जाता है तो यह आरक्षण नीति का मज़ाक उड़ाने के बराबर होगा। पटेलों और ब्राह्मणों में कोई अंतर नहीं है। भले ही इसके लिए लोग मेरा मज़ाक उड़ाएं लेकिन इस संदर्भ में मुझे लगता है कि दलितों को अन्य पिछड़े वर्गों, खास कर अत्यंत पिछड़े वर्गों (मोस्ट बैकवर्ड कास्ट्स - एमबीसी) का साथ देना चाहिए जो पटेलों, ब्राह्मणों आदि को आरक्षण दिए जाने का विरोध कर रहे हैं। अगर नए समूहों को आर्थिक आधार पर आरक्षण देना ही है (जो मुश्तैदी के साथ जांच परख कर दिया जाना चाहिए) तो यह वर्तमान आरक्षण के कोटे के बाहर दिया जाना चाहिए। यह भी धर्म-परिवर्तन करने वाले मुसलमानों और ईसाइयों [द्वारा अनुसूचित जाति का दर्जा मांगे जाने - संपादक] के मसले को निपटाने के बाद ही किया जाना चाहिए।

iv) दलित आत्महत्याएं, इज्जत के नाम पर की जाने वाली हत्याएं

22 नवंबर 2014

[दिल्ली में रहने वाली लड़की भावना यादव की पारिवारिक इज़्ज़त के नाम पर अपने मां-बाप द्वारा हत्या किए जाने के संदर्भ में — संपादक]

प्रश्न- अपनी बेटी के साथ कोई ऐसा कैसे कर सकता है?? उसका गला दबाकर मार देने, उसे मरते हुए देखने और लाश को जला देने के लिए उनके दिलों में इतनी नफ़रत कहां से आई?

उत्तर- जाति व्यवस्था।

3 अक्टूबर 2015

कैंपस में कोई आत्महत्या नहीं हो।

मैं एक लोकतांत्रिक कैंपस का पक्षधर हूं जहां मेरे भाइयों और बहनों की हत्या नहीं हो।

6 नवंबर 2015

सेंथिल-बलराज क्रिकेट टूर्नामेंट सिर्फ मनोरंजन से संबंधित आयोजन नहीं है। इसका एक इतिहास है। यह आत्म-सम्मान से जुड़े संघर्ष से

पैदा हुआ है। इसके आयोजकों को ऐसे काम नहीं करने चाहिए जिससे इस आयोजन की बदनामी होती है। कृपा करके उन दो शोध छात्रों [सेंथिल तथा बलराज दोनों दलित शोधछात्र थे जिन्होंने आत्महत्या कर ली थी – संपादक] की स्मृति को अपमानित न करें जो समाज के शोषित वर्गों से आते हैं। खिलाड़ियों तथा टीमों को भी व्यापक उद्देश्यों को ध्यान में रखकर अपनी व्यक्तिगत भावनाओं पर नियंत्रण रखना चाहिए। टूर्नामेंट को व्यवस्थागत रूप से चले आ रहे भेदभाव तथा कैंपस में होने वाली आत्महत्याओं के बारे में विश्वविद्यालय के नए छात्रों के बीच चेतना जगाने की कोशिश करनी चाहिए।

v) अधिकारों की लड़ाई

दलित के रूप में जाति व्यवस्था की सच्चाई का अनुभव वेमुला के संघर्षों का आधारस्तंभ था। हाशिए पर जीने वाले लोगों के अधिकारों के लिए वेमुला का संघर्ष जाति के बारे में उसके अनुभवों पर आधारित थे। अन्य शोषित तथा पीड़ित वर्गों की परिस्थितियों के बारे में उसकी समझ उसके अपने अनुभवों से निकली थी। वेमुला भेदभाव के उन तरीकों के बारे में भी समझता था जिसे लोग स्वीकार नहीं करते हैं। जाति व्यवस्था के ख़िलाफ़ वेमुला की लड़ाई को शोषण तथा आर्थिक विषमताओं के बारे में उसकी समझ से अलग

करके नहीं देखा जा सकता। रोहिंग्या मुसलमानों के लिए न्याय की मांग हो या अभिव्यक्ति की स्वतंत्रता अथवा प्रतिरोध का अधिकार, वह इन लड़ाइयों में भी साथ था क्योंकि वह प्रत्येक शोषित समुदाय को अपना समझता था।

17 दिसंबर 2013

अन्याय के ख़िलाफ़ सवाल खड़े करो...न्याय के पक्ष में खड़े हो...आज्ञाकारी मत बनो, आज्ञाकारी होना भेड़ों, पालतू जानवरों और गुलामों के लिए अच्छा होता है। आज़ादी के साथ जीयो, आज़ादी की भावना फैलाओ...शुरुआत खुद से करो।

3 सितंबर 2014

जल, जंगल, ज़मीन छीनी यदि
कहां-कहां जाएं??
ओ विकास के भगवान बता
हम कैसे जान बचाएं!!!!

13 सितंबर 2014

भगवान का अपना देश? और यहां के सभी भगवान लगता है सवर्ण

ही हैं। दुर्भाग्य से यहां कोई भी आदिवासी भगवान नहीं हैं।

केरल भारत के उन दो राज्यों में एक है जहां कम्युनिस्टों की बड़ी संख्या है लेकिन वहां भी ज़मीन पर अपने उचित अधिकार के लिए लड़ रहे आदिवासियों के साथ खड़ा होने वाला कोई नहीं। विकास के केरल मॉडल के नाम पर दलितों और आदिवासियों को अपनी ज़मीन से बेदखल किया गया। पिछले एक दशक से वे बेघरबार हैं।

केरल यह दावा करता है कि इसने ऐतिहासिक भूमि सुधारों के बल पर भूमिहीनता की समस्या पर विजय प्राप्त कर ली। लेकिन पिछले दशक में यहां भी ज़मीन के लिए कई संघर्ष हुए। इनमें से अधिकांश लड़ाइयों पर मुख्यधारा मीडिया की नज़र नहीं रही है क्योंकि मीडिया, जनता और सरकार इस मामले में बिलकुल तटस्थ रहे हैं। 2003 में हुए मुथंगा भूमि संघर्ष में पुलिस की गोली से कई प्रदर्शनकारी घायल भी हुए थे और कुछ की मौत भी हुई थी। गौरतलब है कि यहां के मुख्य विपक्ष 'वामपंथ' (भारत की कम्युनिस्ट पार्टी-मार्क्सवादी) ने शुरू से ही इस मामले में कोई रुचि नहीं दिखाई।

यह बिलकुल स्पष्ट है कि केरल में सरकार आदिवासियों को ज़मीन पर अधिकार नहीं दिलवा रही है जिसकी वजह से गैर-आदिवासीकरण की प्रक्रिया चल रही है। विकास कार्यक्रमों, वृक्षारोपण, संरक्षित वन आदि कारणों से आदिवासी अपनी ज़मीन

खो रहे हैं और उनमें एक प्रकार का विलगाव दिखाई दे रहा है। केरल में आदिवासियों के मुद्दे कभी सामाजिक मुद्दे नहीं रहे। कुपोषण के कारण होने वाली मौतें, विवाह के पहले मां बनना और आदिवासी गांवों में व्याप्त गरीबी समावेशी विकास के बारे में केरल के दावे को खोखला साबित करते हैं हालांकि अकादमिक तथा राजनीतिक चर्चाओं के दौरान बड़े पैमाने पर इसका झूठा इस्तेमाल किया जाता है। राजसत्ता तथा पूंजीपतियों के बीच एक प्रकार का मक्कारी से भरा गठजोड़ है। इसके बल पर संसाधनों में समृद्ध आदिवासियों की ज़मीन हड़पने के लिए कठोर हिंसा का इस्तेमाल होता रहा है। मुथंगा जैसी घटनाएं इस बात की गवाह हैं।

पिछले एक दशक से आदिवासी अपने अधिकारों की लड़ाई लड़ रहे हैं। उन्हें अलग-अलग कारणों से अपनी ज़मीन से विस्थापित होना पड़ा जिसके विरोध में **2002** में उन्होंने जंगली क्षेत्र से बाहर आकर सचिवालय के सामने अपनी झोंपड़ियां खड़ी कर लीं। अपनी ज़मीन से बेदखल किए जाने के ख़िलाफ़ यह उनका प्रतीकात्मक विरोध था। ज़मीन के लिए दस साल से भी अधिक लंबे संघर्ष के बाद आंदोलन कर रहे इन आदिवासियों ने **8** जुलाई **2014** से खड़े रहकर विरोध प्रदर्शन शुरू किया। वे अब तक बैठे नहीं हैं। सचिवालय के सामने खड़े रहकर वे न्याय की मांग कर रहे हैं। इस

सबसे बेखबर समाज की मुख्यधारा, मीडिया और अकादमिक जगत 'विकास के केरल मॉडल' पर चर्चा में लगा है और 'भगवान के अपने देश' के लिए आदिवासियों की धरती पर बाग-बगीचे लगाने में जुटा है।

इसलिए मैं उनके लिए और उनके साथ खड़ा हूं। मैं अपने सभी दोस्तों का भी आह्वान करता हूं कि वे उनका साथ दें और इस संघर्ष को लोगों तक ले जाएं। जय भीम!

यह पोस्ट टाटा इंस्टीट्यूट ऑफ सोशल साइंसेज़ के एक पोस्टर से प्रेरित था। इसका एक बड़ा हिस्सा उसी पोस्टर से लिया गया है जो मुथंगा संघर्ष के समर्थन में जारी किया गया था।

22 फरवरी 2015

मैं कश्मीर में भारत की सेनाओं के अत्याचार की भर्त्सना करता हूं। मैं वहां की विधवाओं, अर्ध-विधवाओं और गायब कर दिए गए लोगों की माताओं और उनके परेशान परिवारों के गम में शामिल हूं। आर्म्ड फोर्सेज स्पेशल पावर्स एक्ट (**AFSPA**) वापस लिया जाना चाहिए।

30 अप्रैल 2015

कितना कुछ होने पर कहेंगे कि अब तो हद हो गई? आततायी कैसे शांति को परिभाषित कर सकते हैं? जैसा कि मैल्कम एक्स ने कहा है- आज़ादी के बिना शांति नहीं हो सकती।

18 मई 2015

रोहिंग्या लोग मुसलमान होने की वजह से बर्मा की सरकार की प्रताड़ना झेल रहे हैं। वे बर्मा में अल्पसंख्यक हैं। वे पश्चिमी बर्मा में अपना अलग देश चाहते हैं। उनकी मांग जायज़ है। बर्मा की सरकार यह नहीं चाहती और दशकों से वह उनपर अत्याचार कर रही है। दुनिया में अल्पसंख्यकों के अधिकार से संबंधित यह एक महत्वपूर्ण मुद्दा है।

18 मई 2015

15 मई 2015 को सर्वोच्च न्यायालय द्वारा ऐतिहासिक व्यक्तियों की आलोचना पर प्रतिबंध लगाए जाने का निर्णय:

कुछ महीने पहले सर्वोच्च न्यायालय ने आईटी एक्ट की धारा 66-ए को गैर-क़ानूनी और अस्पष्ट करार दिया। लेकिन जब तक यह बात लोगों तक पहुंचती उसके पहले न्यायपालिका ने एक नया क़ानून

लागू कर दिया जो लोगों को अभिव्यक्ति की स्वतंत्रता से दूर करता है। ऐतिहासिक व्यक्तित्वों की आलोचना के लिए लोगों को दंडित किया जाना लोकतांत्रिक मूल्यों पर कुठाराघात है जिसका प्रावधान हमारे समाज की स्थापना के समय संविधान में किया गया था।

आलोचना को दंडनीय बनाना दरअसल फासीवाद का एक केंद्रीय तत्व है। आतंक पर आधारित शासन-व्यवस्था सवाल खड़ा करने को खतरनाक मानती है। मानवता के इतिहास में फासीवाद ने हमेशा जवाबदेही और ज़िम्मेवारी से बचने की कोशिश की है।

अगर हम भारतीय इतिहास को ब्राह्मणवाद से मुक्त करना चाहते हैं तो हमें मनु (भले ही वह एक मिथकीय व्यक्तित्व ही क्यों न हो), सावरकर, विवेकानंद जैसे लोगों की आलोचना करनी ही होगी। अगर हमें आंबेडकरी आदर्शों की स्थापना करनी है तो हमें गांधी को शोषित वर्गों के मसीहा के रूप में स्थापित करने का मज़ाक उड़ाना ही होगा। दूसरा कोई रास्ता नहीं है। ऐतिहासिक व्यक्तियों की आलोचना पर सर्वोच्च न्यायालय के प्रतिबंध का असर वैकल्पिक राजनीति करने वाले लोगों पर अधिक होगा न कि परंपरागत राजनीति करने वाली पार्टियों पर। हालांकि इस निर्णय के दायरे में आंबेडकर भी आते हैं लेकिन हमें इस प्रस्ताव का पुरज़ोर विरोध करना चाहिए। इसकी भयंकर संभावनाओं के आधार पर हमें इसे

खारिज करना चाहिए।

आंबेडकरी होने के तौर पर मैं आंबेडकर की आलोचना से असुरक्षित महसूस नहीं करता। अगर आरोप गलत होंगे तो मैं उनका जवाब दूंगा। अगर उनमें दम होगा तो मैं उन्हें स्वीकार करूंगा। लेकिन अगर आलोचना को क़ानूनन आपराधिक घोषित कर दिया जाता है तो समाज ऐसे लोगों को ही महान मानता रहेगा जो दरअसल इसके हक़दार नहीं हैं। इससे हमारे समाज की प्रगतिशीलता पर आंच आएगी।

यह क़ानून दो अन्य कारणों से भयंकर है। यह स्पष्ट नहीं है कि किसी व्यक्ति के ऐतिहासिक होने का निर्णय किसके ज़िम्मे होगा। क्या इसका अधिकार शासक दल को होगा, विपक्ष को होगा, बहुसंख्यकों को होगा या अल्पसंख्यकों को? और फिर न्यायपालिका ऐतिहासिक व्यक्ति की आलोचना और उनके व्यक्तित्व के संतुलित मूल्यांकन के बीच कैसे फैसला करेगी? सर्वोच्च न्यायालय को इस बात का स्पष्ट और विस्तारपूर्वक जवाब देना चाहिए कि जब मानहानि और गाली-गलौज के ख़िलाफ़ कानूनों का प्रावधान संविधान में मौजूद है तो अचानक आलोचना को आपराधिक घोषित करने की ज़रूरत क्यों महसूस की गई!

और फिर हमारी इस महान धरती के उन 30 करोड़ देवी-देवताओं

का क्या होगा जिन्हें भक्त ऐतिहासिक व्यक्तित्व मानते हैं?

हम गांधी की आलोचना करेंगे। हम सावरकर की आलोचना करेंगे। हम विवेकानंद की आलोचना करेंगे। यह हमारा राजनैतिक अधिकार है। यह हमारा सामाजिक दायित्व है। दलितों, अल्पसंख्यकों और महिलाओं की आगे आने वाली पीढ़ी को आज हमारी आवाज़ (आलोचना) की ज़रूरत है और इसलिए हम सर्वोच्च न्यायालय के इस फैसले को खारिज करते हैं।

27 अक्टूबर 2015

AFSPA- भारत के 'अन्यों' पर सबसे लंबे समय तक चलने वाला, संगठित अत्याचार।

26 अप्रैल 2015

'धर्मनिरपेक्ष' तथा 'प्रगतिशील' हैदराबाद केंद्रीय विश्वविद्यालय को अपने तथाकथित 'सांप्रदायिक' दोस्त से बहुत कुछ सीखना है। 'सांप्रदायिक मुसलमान' विश्वविद्यालय [जामिया मिलिया इस्लामिया- संपादक] में दो बदलाव किए गए हैं। इसने व्यक्ति की सेक्स संबंधी घोषणा में ट्रांसजेंडर को शामिल किया है। दूसरा कि अब पति के कॉलम के स्थान पर जीवनसाथी शब्द का प्रयोग किया

गया है ताकि आप अपनी पत्नी का भी नाम इस कॉलम में लिख सकें। सम्मान!

3 मई 2015

वैवाहिक बलात्कार को आपराधिक सीमा से बाहर करना

मैं सबसे पहले यह स्पष्ट कर देना चाहता हूं कि मैं पत्नी के साथ उसकी इच्छा के ख़िलाफ़ यौन संबंध बनाने को बलात्कार की श्रेणी में रखने वाले क़ानून का समर्थन करता हूं। इस क़ानून का मज़बूत और कठोर होना जायज़ है। इसमें मैं किसी अपवाद को स्वीकार नहीं करता। वैवाहिक बलात्कार के बारे में हो रही बहस समानता और न्याय के बारे में हमारे समाज के दोहरे मानदंडों को दिखाती है। कुछ पुरुष वर्चस्ववादी मानते हैं कि वैवाहिक जीवन के दौरान किए गए कार्यों में क़ानून का दखल नहीं होना चाहिए। यह बेकार की और बेहूदा बात है। क़ानून ने हर व्यक्ति को यह अधिकार दिया है कि उसकी संपत्ति पर किसी प्रकार के आक्रमण या व्यक्तिगत जीवन पर हमला आपराधिक माना जाएगा। लोकतंत्र में जो अधिकार एक अविवाहित लड़की को प्राप्त होता है, विवाहित स्त्री को इससे वंचित नहीं किया जा सकता।

वैवाहिक बलात्कार को आपराधिक घोषित करने के ख़िलाफ़ दो

मुख्य तर्क दिए जाते हैं-

पहला: विवाह के बाद यौन संबंध पति और पत्नी के बीच का निजी मामला होता है और इसलिए क़ानून को इसमें दख़ल नहीं देना चाहिए।

नहीं। आप अपनी व्यक्तिगत स्वतंत्रता का उपयोग तभी तक कर सकते हैं जबतक आप दूसरों की स्वतंत्रता पर आघात नहीं पहुंचाते। अगर आपकी पत्नी कहती है कि आपने उस पर यौन हमला किया है तो उसे आपके ख़िलाफ़ क़ानूनी कार्रवाई का अधिकार होना चाहिए। वैवाहिक बलात्कार उतना ही गैर निजी आचरण है जितना इज़्ज़त के नाम पर की जानी वाली हत्याएं। विवाह आपके लिए पवित्र हो सकता है लेकिन इसके नाम पर आपको अपनी पत्नी के साथ अमानवीय आचरण की छूट नहीं दी जा सकती।

दूसरा: धर्म हमें सिखाता है कि पति या पत्नी अगर किसी प्रकार की गलती करते हैं तो इसके ख़िलाफ़ अदालत की शरण में जाना अपवित्र कार्य है।

आप अपने धर्म के साथ चाहें तो नरक में जाएं या स्वर्ग में लेकिन जब आप इस धरती पर जी रहे हैं तो आप को यहां के क़ानून को मानना ही होगा। अब चूंकि धर्म की बात उठी है तो आइए हम इसकी गहराई से पड़ताल करते हैं। धर्म की संस्थाएं पितृसत्तात्मक होती हैं

और उनमें स्त्री प्रताड़ना संबंधी ढेरों उद्घोषणाएं पाई जाती हैं। कोई भी धर्म इसका अपवाद नहीं है। शोषक व्यवस्था के प्रति वफादारी की मांग करने वाला धर्म अनुसरण करने के लायक नहीं है। हो सकता है आपको नास्तिक होना मंज़ूर नहीं। लेकिन यह ज़रूरी नहीं कि आपका धर्म 'आपके' ईश्वर के मूल्यों का प्रतिनिधित्व करता हो। ईश्वर प्रसन्न होंगे यदि आप उन बातों का विरोध करें जिससे आपका नुक़सान होता है और वह (पता नहीं ईश्वर पुरुष है या स्त्री) आपके दुष्ट जीवन साथी को न्याय के कठघरे में खड़ा करेगा।

एक छोटी-सी बात याद दिलाना चाहता हूं: भारत एक धर्मनिरपेक्ष राज्य है। धार्मिक आधार पर क़ानूनी प्रावधानों से बचना संभव नहीं।

पितृसत्तात्मक व्यवस्था या स्त्री प्रताड़ना के ख़िलाफ़ संघर्ष दरअसल दमनकारी ऊंच-नीच पर आधारित व्यवस्था के ख़िलाफ़ लड़ाई है। हरेक तरह की सामाजिक प्रताड़ना का विरोध किया जाना चाहिए और उसे समाप्त किया जाना चाहिए। इतिहास को देखें तो भारत में केवल क़ानून बनाने से काम नहीं चलता। वैवाहिक बलात्कार के ख़िलाफ़ प्रतिरोध के लिए स्त्रियों को अपने 'पावन' पतियों के ख़िलाफ़ खड़ा होना होगा। गांव में जिस तरह औरतें अनियंत्रित जानवरों पर नियंत्रण करती हैं वही तरीका उन्हें अपने पतियों के ख़िलाफ़ भी इस्तेमाल करना होगा।

इससे भी अधिक आदर्श स्थिति होगी जब हम ग्लोरिया स्टाइनेम की टिप्पणी पर यकीन करेंगे: 'मर्द के बिना औरत वैसी ही होती है जैसे साइकिल के बिना मछली'

'दुनिया में, इतिहास में किसी ने अपने आततायियों की नैतिकता की दुहाई देकर आज़ादी हासिल नहीं की है'

अस्सता शकूर

'अपने खोए हुए अधिकार उन लोगों से याचना करने से वापस नहीं मिलते जिन्होंने उन्हें छीना है...लगातार संघर्ष से ही इन्हें वापस पाया जा सकता है...बलि चढ़ाने के लिए बकरियों का इस्तेमाल होता है, शेरों का नहीं'

आंबेडकर

जय भीम

10 मई 2015

भारत में महिलाओं और पुरुषों के विवाह की उम्र क़ानूनी दृष्टि से अलग-अलग क्यों रखी गई है? इस क़ानून को बनाते हुए उन्होंने किन मानदंडों की जांच परख की?

26 जून 2015

पुरुषों के नज़रिए से की गई व्याख्याएं। अकादमिक और राजनीतिक संस्थाओं में इसका बोलबाला पाया जाता है लेकिन इस पर शायद ही किसी की नज़र जाती है। इसकी पहचान की जानी चाहिए और इसे बंद किया जाना चाहिए।

8 जुलाई 2015

काश अपने देश के महिला संगठन थोड़ा वक्त निकालकर उन मनोरोगियों के ख़िलाफ़ आंदोलन करते जो अपने समाजों में अंतर्जातीय विवाह के ख़िलाफ़ अभियान चलाते हैं।

5 सितंबर 2015

[चेन्नई के ट्रांसजेंडर लोगों द्वारा मृत्युदंड की मांग किए जाने के मुद्दे पर - संपादक]

लोगों को जब लगे कि उनके लिए अपमानजनक जीवन जीने से बेहतर मौत है तो सरकारों को अपने शासन का फिर से मूल्यांकन करना चाहिए।

28 सितंबर 2015

अपने को 'फेमिनिस्ट' कहने वाली छात्राओं को ऐसी तस्वीरें साझा करते देखकर निराशा होती है जिनके नीचे लिखा होता है, 'हां, मैं उच्च जाति की हूं' और 'हां, मैं उच्च वर्ग से आती हूं।' बाद में वे यह कहकर बचना चाहती हैं कि वे महिला हैं। इन क्रांतिकारियों की नज़र में दशकों से चले आ रहे महिला मुक्ति आंदोलन तथा जाति विरोधी आंदोलन का शायद कोई महत्व नहीं है।

6
क्रांति में जेंडर के सवाल

वेमुला को मां ने अकेले पाल-पोस कर बड़ा किया था। अपनी शादी टूट जाने के बाद वेमुला की मां ने अपने सगे संबंधियों से बहुत कम मदद ली। इन परिस्थितियों में वेमुला ने दलित महिला की ज़िंदगी में आने वाले संघर्षों को बहुत करीब से देखा था। अपनी मां की तकलीफों के बारे में भले ही वेमुला ने ज़्यादा नहीं लिखा हो लेकिन उसके मन में एक बात बिलकुल साफ़ थी- वो महिलाओं के खिलाफ यौन हिंसा और शारीरिक प्रताड़ना को बर्दाश्त नहीं कर सकता था।

अपने लेखन में वह भारत की बलात्कार-संस्कृति की बखिया उधेड़ता है और प्रगतिशील आंदोलन, जिसमें हैदराबाद विश्वविद्यालय के छात्रों का समुदाय भी शामिल है, के हृदय में गहरे बैठे हुए पितृसत्तात्मक सोच की भी आलोचना करता है। वेमुला जातिवादी पितृसत्तात्मक व्यवस्था का विरोध करता है क्योंकि ये दोनों संस्कृति और परंपरा का उपयोग उत्पीड़न के औज़ार के तौर पर करते हैं। वह वामपंथियों के प्रगतिशील दावों को भी इसी आधार पर खारिज करता है क्योंकि यह भी छद्म रूप में इन्हीं मान्यताओं को दोहराता है।

वेमुला जेंडर की अवधारणा को दो अलग खांचों में बंटा हुआ नहीं मानता था। वह जिस विश्वविद्यालय में पढ़ता था वहां

महिलाओं की संख्या एक तिहाई के करीब थी जो अलग-अलग सामाजिक- आर्थिक तबकों से आते थे। वह जेंडर के मुद्दे को उसकी पूरी जटिलता में देखता था। सबसे पहले वेमुला ने ही मार्च के महीने में हैदराबाद में तेलंगाना ट्रांसजेंडर इंटरसेक्स समिति की स्वाभिमान यात्रा का समर्थन किया था। इसी तरह सबसे पहले वेमुला ने ही आंबेडकर स्टूडेंट्स यूनियन की ओर से ट्रांसजेंडरों के सम्मान के पक्ष में पोस्टर लगाया था। जेंडर के बारे में उसकी इस व्यापक समझ की प्रवाहपूर्ण अभिव्यक्ति उसके पोस्टों में दिखाई देती है। वेमुला के लेखन में हाशिए पर रहने वाली औरतें जैसे कि दलित बहुजन तथा जेंडर अल्पसंख्यकों को दिया जाने वाला सम्मान स्पष्ट दिखाई देता है।

12 फरवरी 2013

जब हमें यह बात समझ में आती है कि हमें अपने अलावा किसी और व्यक्ति पर कोई अधिकार नहीं है तो हम अल्पसंख्यकों, पिछड़े वर्गों तथा महिलाओं पर होने वाले अत्याचार को कम कर सकते हैं। जिस क्षण हम यह समझ लेते हैं कि प्यार हमें उस व्यक्ति के आचरण को निर्धारित करने का हक़ नहीं देता है तो हमें गुस्सा आना कम हो जाता है। जब कभी किसी लड़की के साथ छेड़छाड़ या प्रताड़ना की

दुर्भाग्यपूर्ण घटना घटती है तो कुछ लड़के उसके चरित्र पर सवाल खड़े करने लगते हैं। अरे, अगर किसी पालतू जानवर की कोई रास्ते में पिटाई कर रहा होता है तो हम उसे बचाने की कोशिश करते हैं। लेकिन जब किसी लड़की की बात आती है तो हम कुछ कहने के पहले कितना हिसाब-किताब लगाते रहते हैं? उसके ऊपर हम नैतिकता की बातें करते हैं और हम भूल जाते हैं कि नैतिकता भी हमारी सोच पर निर्भर करती है। जब कोई लड़का-लड़की साथ रहकर अपने तरीक़े से ज़िंदगी जीने का फैसला करते हैं तो मां-बाप, भाई, पति-पत्नी किसी को भी इसपर सवाल उठाने का हक़ नहीं है। ज़्यादा से ज़्यादा वे आग्रह कर सकते हैं या सलाह दे सकते हैं।

इसमें कोई शक नहीं कि हमारी सामाजिक नैतिकता का तानाबाना सैकड़ों सालों के अत्याचार की नींव पर बुना गया है।

आज हम लोगों में से कुछ लोग भाई, पिता या ब्वॉयफ्रेंड बनकर लड़कियों के ऊपर नियंत्रण करने में आनंद का अनुभव करते हैं। लेकिन हमें यह याद रखना चाहिए कि यह अधिकार हमें स्त्रियों ने ही दिया है। किसी भी संबंध में ऐसे अधिकारों को किसी के हाथ में सौंपने का कारण या तो भय होता है या प्यार। यह बिलकुल स्पष्ट होना चाहिए कि यह अधिकार हमें दिया गया है न कि हमने इसे हासिल किया है।

इसलिए एक दिन ऐसा भी आएगा जब प्रताड़ना के शिकार जेंडर [यानी स्त्रियों – संपादक] को भी सामाजिक व्यवस्था के अंदर व्याप्त इस पक्षपातपूर्ण रवैए की समझ आ जाएगी और वो हमारे अधिकारों पर सवाल उठाना शुरू करेंगी। मुझे संदेह है कि अगर पुरुष इसी तरह महिलाओं पर होने वाले आक्रमणों को बढ़ावा देते रहेंगे तो उस समय हमें कोई जवाब नहीं सूझेगा।

औरतों के खिलाफ हिंसा को रोकने के लिए सबसे पहले हमें स्वीकार करना होगा कि उन्हें अपने तरीके से ज़िंदगी जीने का हक़ है। उनकी ज़िंदगी को नियंत्रित करने का लोभ हमें छोड़ना ही होगा।

21 जून 2013

मैंने किसी को आज के जीवन के संदर्भ में मनुस्मृति के सदाबहार महत्व और उसकी महानता के बारे में बात करते हुए सुना। उसने तो मुझे यहां तक कहा कि मनुस्मृति आधुनिक जीवन के बेतरतीब हंगामे के बीच सब समस्याओं के समाधान का काम करती हैं। इसके बाद मैंने मनुस्मृति के बारे में गूगल से कुछ जानकारी हासिल की। मुझे मनुस्मृति के कुछ 'नायाब' श्लोक मिले। मुझे लगता है कि इन श्लोकों का अर्थ समझने के बाद आपको मनुस्मृति के बारे में थोड़ी समझ आ जाएगी। ये श्लोक स्त्रियों के बारे में हैं। शूद्रों के बारे

में भी ऐसे ही कई श्लोक हैं। मनुस्मृति पढ़कर आपको इसकी विद्रूपता के बारे में पता चलेगा।

1. स्वभावे नारीनाम...2/213 – औरतों का यह स्वभाव होता है कि वे पुरुषों पर डोरे डालें। इसलिए बुद्धिमान पुरुष जब भी औरतों के साथ होते हैं तो सावधान रहते हैं।
2. अविद्वम समलम... 2/214- अपने स्वभाव के अनुरूप औरतें पुरुषों को रास्ते से भटकाने में सक्षम होती हैं भले ही वह मूर्ख हो या विद्वान। दोनों ही वासनाओं के गुलाम हो जाते हैं।
3. मात्र-स्वस्त्र... 2/215- बुद्धिमान व्यक्ति को अकेले अपनी मां, बेटी या बहन के साथ नहीं बैठना चाहिए। वासनाएं बड़ी ताक़तवर होती हैं और यह आकर्षण पैदा कर सकती हैं।
4. नौदवहाय...3.8- लाल बालों वाली, अनावश्यक अंगों वाली (जैसे छह ऊंगलियां), प्राय: बीमार रहने वाली, बिना बालों वाली या ज़रूरत से अधिक वालों वाली या लाल आंखों वाली स्त्रियों शादी नहीं करनी चाहिए।
5. अति क्रमाय...9/77 - आलसी, शराबी, रोगी पति की आज्ञा नहीं मानने वाली स्त्री को तीन महीने के लिए घर से निकाल दिया जाना चाहिए और उसके गहने वापस ले लिए जाने चाहिए।
6. वंध्यस्तमय... 9/80- बांझ स्त्री को आठवें साल में छोड़ देना

चाहिए, जिनके बच्चे मर गए हों उन्हें 11वें साल में छोड़ देना चाहिए लेकिन झगड़ालू स्त्री को छोड़ने में ज़रा भी देरी नहीं करनी चाहिए।

7. तृष्णा...9/93- धार्मिक अनुष्ठानों को पूरा करने में अगर कठिनाई होती हो तो 24 से 30 साल के बीच के पुरुषों को 8 से 12 साल के बीच की लड़की से शादी करनी चाहिए।

8. यं ब्रह्मनस्तो...9/177- ब्राह्मण अगर शूद्र स्त्री से विवाह करता है तो उससे पैदा होने वाले लड़के को पार्श्व कहा जाना चाहिए क्योंकि उसका सामाजिक अस्तित्व शव के बराबर होता है।

30 जून 2014

'लड़कियों जैसा आचरण' कब से अपमानसूचक माना जाने लगा????

5 अक्टूबर 2014

हमारा समाज कुछ वर्गों के प्रति आक्रामक रहा है। लोग यह भूल जाते हैं कि वे भी इस देश के नागरिक हैं और उन्हें भी उतने ही क़ानूनी अधिकार प्राप्त हैं जितने कि उनके बच्चों को। आज महिलाओं पर होने वाले अत्याचारों के अलावा, कई ट्रांसजेंडर और अस्पष्ट जेंडर वाले लोगों के साथ भी यौनिक अत्याचार किया जा रहा है।

उनपर शारीरिक हमले कर कुछ लोगों को मज़ा भी आता है।

इनमें सबसे कमज़ोर स्थिति है बेघर हिजरों की। विवेकशून्य समाज उन्हें न समझता है, न ही उन्हें अपना कर उनके मुद्दों पर ध्यान देता है। यह वंचित वर्ग रेलवे स्टेशनों, बस-अड्डों तथा अन्य सार्वजनिक स्थानों पर लोगों को दुआएं बांटता है और बदले में उन्हें मिलती है भीख के बराबर की रकम। पिछले छह महीनों में 21 हिजरों पर हमले हुए हैं। यह शर्मनाक और दिल को चोट पहुंचाने वाली बात है। ऐसे कृत्य हमें सोचने को मजबूर करते हैं कि अपनी विकसित सभ्यता और नागरिक भावनाओं का ढिंढोरा पीटने के बावजूद क्या हमने सचमुच कुछ उपलब्ध किया है। ऐसे वक्त में इन लोगों के साथ एकता प्रदर्शित करने के लिए प्राइड वॉक जैसे आयोजन आवश्यक हैं। ऐसे आयोजन समाज के प्रकृति में पाए जाने वाले इस 'दूसरे' खूबसूरत जेंडर को समझने और उनकी समस्याओं के समाधान के लिए एक सक्रिय मंच का काम कर सकते हैं।

7

शिक्षित हो, संघर्ष करो, संगठित हो: आंबेडकर और आंबेडकर स्टूडेंट्स एसोसिएशन

2013 में वेमुला एसएफआई के साथ था जो भारत की कम्युनिस्ट पार्टी-मार्क्सवादी (सीपीआई-एम) का छात्र संगठन है। उस समय दलित छात्रों के संगठनों को वह दलितों का पक्ष लेने वाले लोगों का गुट मानता था। लेकिन 2014 में उसने अपनी राजनीतिक दिशा बदल ली। वह आंबेडकर स्टूडेंट्स एसोसिएशन का उपाध्यक्ष बना और बाद में इसका संगठन सचिव। उस समय के लेखन से हमें वेमुला की राजनीतिक सोच में बदलाव के कारणों का थोड़ा-सा आभास मिलता है।

2013 में हैदराबाद विश्वविद्यालय के दो दलित छात्रों पुल्याला राजू तथा मदारी बेंकटेश ने आत्महत्या कर ली। इसके विरोध में आंबेडकर स्टूडेंट्स एसोसिएशन ने कई प्रदर्शन किए। इसी मुद्दे पर इस संगठन ने अनिश्चितकालीन भूख हड़ताल का आयोजन भी किया। इस दौरान वामपंथी छात्र संगठनों की उदासीनता से वेमुला को निराशा हुई और उसका मोहभंग हुआ। आंबेडकर स्टूडेंट्स एसोसिएशन की स्थापना 1993 में हुई थी। तब इसमें कश्मीरी तथा उत्तर-पूर्व के छात्रों सहित कई मुस्लिम संगठनों के छात्र भी शामिल हो चुके थे।

वेमुला की राजनीतिक दिशा के बदलाव का कारण सिर्फ मोहभंग और अपने जीवन के कटु अनुभव ही नहीं थे। यह

निर्णय उसने सोच-समझ कर लिया था जिसके पीछे उसका यह विश्वास था कि आंबेडकरी आंदोलन दलित-बहुजन-मुस्लिम गठजोड़ बनाने में सक्षम था जो देश की सांप्रदायिक और फासीवादी ताकतों को समाप्त कर सकता था। उसके लेखन से ज़ाहिर होता है कि वेमुला देश में ब्राह्मणवाद और फासीवाद को समाप्त करने की क्षमता वामपंथी नहीं बल्कि आंबेडकरी आंदोलन में देखता था।

आंबेडकर के प्रति उसके आकर्षण का प्रमाण उसके नोट्स और उसके शेयर किए गए उद्धरणों में देखा जा सकता है। वेमुला मानता था कि आंबेडकर आधुनिक भारत के महानतम विचारक थे। वह मोहनदास करमचंद गांधी का कटु आलोचक था क्योंकि उन्होंने आंबेडकरी क्रांति को हाशिए पर धकेल दिया था। वेमुला वामपंथ और दक्षिणपंथ दोनों द्वारा आंबेडकर के लेखन, विचार और जीवन को हथियाने की कोशिश का भी तीव्र विरोधी था। देश के विभिन्न कैंपसों में आंबेडकर स्टूडेंट्स एसोसिएशन की शाखाएं स्थापित होने की संभावना से उसके लेखन में आशा की किरण फूटती दिखाई देती है और हमें उसके सपनों में नीली क्रांति की धड़कन का अहसास होता है।

i) डॉ. भीमराव आंबेडकर के बारे में

14 अगस्त 2014

'आज़ादी की रक्षा के लिए अतिवाद का सहारा लेने में कोई बुराई नहीं, न्याय के लिए मध्यम मार्ग अपनाने में कोई बड़प्पन नहीं'

मैल्कम एक्स

एक अधिक मानवीय और समावेशी समाज की आधारशिला पर एक नए भविष्य के निर्माण के लिए मैंने समझ-बूझ कर अपनी राजनीतिक पहचान को मार्क्सवाद से आंबेडकरवाद की तरफ मोड़ा है। भेदभाव से भरे इस समाज ने उदारता तथा सहयोग जैसे अभिजात्य नकाब को ओढ़ रखा है जो बहुसंख्यक समुदाय की सांस्कृतिक एकता या राष्ट्रवाद से पैदा हुआ है।

मैं बलपूर्वक इस नकाब को उठा देना चाहता हूं। मेरा मूल उद्देश्य है उच्च वर्ग की नकली प्रगतिशीलता को चुनौती देना क्योंकि यह निर्लज्जतापूर्वक वर्ग, जाति तथा स्त्रीशोषण जैसी शोषणकारी व्यवस्थाओं के साथ अपना संबंध बनाए रखता है। मेरा मकसद है कि सांस्कृतिक आक्रामकता और सांप्रदायिक राजनीति के बीच परस्पर लाभदायक संबंध के ख़िलाफ़ संघर्ष, ज़मीन से जुड़े द्रविड़ इतिहास को लोकप्रिय बनाना और आज़ादी की मस्ती के बीच क्रांतिकारी यथार्थवाद को स्थापित करना। मार्क्सवाद द्वारा गढ़ी गई

अपनी बुनियादी विश्व दृष्टि के साथ मैं एक ऐसे समाज का सपना देखता हूं और उसके लिए काम करता हूं, जिसे बाबासाहब (आंबेडकर) हमेशा देखना चाहते थे।

6 नवंबर 2014

इसे [आंबेडकर की *वेटिंग फॉर वीज़ा*] पढ़ते हुए डॉ. बाबासाहब आंबेडकर के व्यक्तित्व की महानता और उनकी राजनीतिक यात्रा का अनुभव कर रहा हूं जिन्होंने इतने अपमानजनक रास्तों से गुज़रने के बावजूद किसी तरह के अतिवाद का सहारा नहीं लिया।

7 दिसंबर 2014

[आरक्षण जैसे मुद्दों पर अरुण शौरी के लेखों पर एक संग्रह को शेयर करते हुए - संपादक]

कुछ संघी 'महान' अरुण शौरी की एक किताब का लिंक शेयर कर रहे हैं। वे इसे आंबेडकर की प्रासंगिकता और उनकी विरासत के ख़िलाफ़ तर्क के रूप में प्रस्तुत कर रहे हैं। यह अरुण शौरी की सोच की बनावट की एक झलक दिखाता है। अगर आपको बहुत छिछले स्थानों पर जाने से डर लगता है तो इससे सावधान रहिए।

28 मार्च 2015

एसएसबी (सोशल साइंस बिल्डिंग) पर एक अजीब-सा पोस्टर लगा है जिसका शीर्षक है 'सुकून और बाबासाहेब'। इसे हमारे कुख्यात एबीवीपी ने लगाया है। वे पूछते हैं कि क्या छात्रों को बाबासाहेब की मूर्ति के आगे नाचना चाहिए? पहली बात तो यह कि आंबेडकरी आदर्शों में नाचने, गाने या किसी तरह की आत्म-अभिव्यक्ति पर कोई प्रतिबंध नहीं है। हां, ब्राह्मणवादी आचरण में इन्हें निषिद्ध ज़रूर माना जाता है। अपने प्रेरणास्त्रोतों की मूर्तियों की पूजा का निषेध बौद्ध धर्म में भी किया गया है। सुकून के मंच पर आंबेडकर की तस्वीर मुक्ति और आजादी का प्रतीक है। इसके बारे में यह कहना कि 'बिग ब्रदर इज़ वाचिंग यू', आंबेडकर का मज़ाक उड़ाना है। पोस्टर पर यह देखकर तो मुझे मिचली आने लगी कि आंबेडकर भी उतने ही महान हैं जितने कि विवेकानंद। यह तो आंबेडकर का घोर अपमान है। कौन है विवेकानंद? उनका सामाजिक अथवा राजनीतिक योगदान क्या है? भगवा कपड़े पहन कर कुछ श्लोक पढ़ देने से जनता का कौन सा भला होता है? विवेकानंद ने शिकागो जाकर लोगों को 'दुनिया भर के मेरे भाई और बहन' कहकर संबोधित किया। लेकिन इसी बंगाली साधु को यह हिम्मत नहीं हुई कि भारत के जातिग्रस्त समाज में वे यही शब्द दुहराते। उन्होंने दलितों (अति-

शूद्रों) के ख़िलाफ़ भेदभाव से भरी बातें लिखीं। इस बंदे की बातें इतनी अवैज्ञानिक हैं कि उसकी सभी किताबें दुकानों में आध्यात्म वाले हिस्से में रखी होती हैं। एबीवीपी के शातिर 'बुद्धिमानों' ने बड़ी चालाकी से आंबेडकर की विरासत को हिंदुत्व के प्रतीक पुरुषों से जोड़ने की कोशिश की है।

12 अप्रैल 2015

आंबेडकर को हड़पने की कोशिश:

यह जानकर दुख होता है कि बाबासाहेब की 124वीं वर्षगांठ पर भी उनकी छवि को ब्राह्मणवादी चंगुल से छुड़ाने की ज़रूरत महसूस होती है।

आंबेडकर जब ज़िंदा थे तो मि. मोहनदास करमचंद गांधी और आज़ाद भारत के बारे में उनके विचारों को लेकर उनसे सवाल पूछे जाते थे। उनका मज़ाक उड़ाया जाता था। आज़ादी के नाम पर गड्डमड्ड किस्म के 'अधिकारों के हस्तांतरण' के मुद्दे पर उनकी असहमति की वजह से उहें 'गद्दार ' कहा जाता था। उन्होंने सामाजिक संरचनाओं में आमूल परिवर्तन और समावेशी विकास की मांग की। इस देश के पहचानरहित समुदायों को सम्मान दिलाने के लिए उनका प्रयत्न दुनिया के महानतम क्रांतिकारी आंदोलनों में

शुमार होता है। उन्हें हिंदू राष्ट्रवादी तो संकीर्णतावादी कहते ही थे, साथ ही साथ हिंदू राष्ट्रवादियों का विरोध करने वाले विद्वान भी उन्हें संकीर्णतावादी कहते थे। आज यही लोग उनकी विरासत को हड़पने के लिए बेचैन दिख रहे हैं। इस संबंध में मैं अपने कुछ विचार यहां रखना चाहता हूं.

- बाबासाहेब धर्म के नाम पर सांस्कृतिक शोषण के विरोधी थे। इस देश में हिंदू धर्म के वर्चस्ववादी इतिहास का उन्होंने विरोध किया था। यह उनकी रचनाओं में साफ-साफ देखा जा सकता है।
- बाबासाहेब उस समय की कांग्रेस की संदिग्ध राष्ट्रवादी विचारधारा से भी समान दूरी बनाए रखते थे। उन्होंने दलितों और अल्पसंख्यकों की मुक्ति के बारे में कांग्रेस की नकली चिंता की भी पोल खोली।
- आंबेडकर हिंदू धर्मग्रंथों को हिकारत की नज़र से देखते थे क्योंकि ये ग्रंथ स्त्री-प्रताड़ना संबंधी विचारों से भरे पड़े हैं। उन्होंने अपनी ज़िंदगी स्त्री-पुरुषों के बीच समानता के विचार को समर्पित की।
- वे एक अलग ढंग के समाजवादी थे। वह सर्वसत्तावादी और धनाढ्य वर्गों की सत्ता के ख़िलाफ़ थे। वे प्राकृतिक संसाधनों की रक्षा के लिए राज्य को ज़िम्मेवार मानते थे। वे जनता के

हितों का खयाल रखने वाले शासन के पक्षधर थे। इसके साथ ही वह सोवियत शैली की समाजवादी व्यवस्था के खतरों के बारे में भी लोगों को आगाह करते रहते थे जिसमें अधिनायकवादी प्रवृत्तियां दिखाई देती थीं।

- वे पूंजीवाद के विरोधी थे। वह सामंती समाज के शोषण और विषमता के भी ख़िलाफ़ थे। उन्होंने मजदूर संगठनों को खड़ा किया। उनकी पहली राजनीतिक पार्टी का नाम था इंडिपेंडेंट लेबर पार्टी। उनके क़ानून मंत्री रहने की अवधि में आठ घंटे की मज़दूरी और मातृत्व अवकाश जैसे क़ानून लाए गए थे।
- वह संघीय व्यवस्था में यकीन करते थे। उनका मानना था कि स्थानीय परिस्थितियों को ध्यान में रखकर ही क़ानून बनाए जाने चाहिए। उन्होंने एक आत्म-निर्भर देश की परिकल्पना की जो धनी देशों से न तो प्रभावित होता हो, न ही उनके धोखे में पड़ता हो।
- वे क्रांतिकारी अहिंसक कार्यकर्ता थे। अहिंसा पर जब भी बात होती है तो हम सिर्फ़ गांधी को इसका श्रेय देते हैं। आंबेडकर स्वयं शोषित वर्ग से आते थे और उन्होंने कितने ही अपमान झेले, लेकिन इसके बावजूद उन्होंने हिंसा के लिए कभी किसी को उकसाया नहीं। वे सबों के समानता के साथ जीने के

अधिकार में विश्वास रखते थे। उन्होंने शांति और लोकतंत्र पर आधारित समाज की स्थापना की उम्मीद कभी नहीं छोड़ी।

- वह मार्क्सवाद को नहीं मानते थे। इसका यह कारण सिर्फ़ नहीं था कि उनके सुपरवाइज़र फेबियन विचार को मानने वाले थे। इसकी वजह यह थी कि उन्हें भारत की ज़मीनी परिस्थिति की जानकारी थी। वह मार्क्सवादी आंदोलनों के तौर तरीकों के आलोचक थे और उन्हें संदेह की नज़रों से देखते थे। आंबेडकर को लगता था कि मार्क्सवादी आंदोलनों के अराजकतावाद में बदलने का भी खतरा था। इन सबसे बढ़कर वह मानते थे कि भारत में केवल आर्थिक शोषण ही नहीं बल्कि सांस्कृतिक शोषण भी होता है।
- वे दूरदर्शी थे और उन्होंने धर्म, जाति, स्त्री-पुरुष के विभेदों से ऊपर उठकर पीड़ित जनता के एक साथ मिलकर संघर्ष करने का सपना देखा था। उस समय उन्होंने संसद में मुस्लिम लीग का प्रतिनिधित्व भी किया था। उन्होंने अपने समय के वामपंथी संगठनों के साथ गठबंधन बनाने की भी कोशिश की लेकिन इसमें उन्हें सफलता नहीं मिली।
- उन्होंने ब्राह्मणवाद विरोधी (हिंदू विरोधी) इतिहास के कारण बौद्ध धर्म को अपनाया और इसके मूल सिद्धांतों को नवयान

बौद्ध धर्म का एक नया स्वरूप प्रदान किया।

भारतीय जनता पार्टी, कांग्रेस तथा अन्य गैर-राजनीतिक प्रतिक्रियावादी शक्तियां राष्ट्रवाद के नाम पर उनकी विरासत को हथियाने का प्रयत्न कर रही हैं। यह आंबेडकरी संघर्षों के लिए खतरा है। ये लोग दलितों के प्रति किसी प्रेम की वजह से आंबेडकर को अपनाने की कोशिश नहीं कर रहे बल्कि इसका मकसद है सत्ता हासिल करना। यह भी आंबेडकर द्वारा हासिल किए गए राजनीतिक आरक्षण के कारण संभव हुआ है।

इतिहास कभी झूठ नहीं बोलता। अगर हम भूल जाते हैं कि इन ब्राह्मणवादी प्रभुत्ववादी विचारों ने हमारे से साथ पहले क्या किया है तो हमें गुलामी के दिनों को दुहराना पड़ेगा।

'नेकनीयती वाली बेवकूफी और विवेकपूर्ण मूर्खता से अधिक खतरनाक इस दुनिया में कुछ भी नहीं होता'

मार्टिन लूथर किंग जूनियर

बाबासाहेब को जानो। भारतीय जनता पार्टी द्वारा उन्हें हथियाने की कोशिश का विरोध करो।

15 अगस्त 2015

इस साल मैं 15 अगस्त मनाऊंगा। इसी दिन बाबासाहेब ने **1936**

में इंडिपेंडेंट लेबर पार्टी की स्थापना की थी। यह दिन शोषित वर्गों की एकता का प्रतीक है। कामगार, महिलाएं, दलित और किसान यानी जो वर्ग ब्राह्मणवाद और पूंजीवाद के गठजोड़ से सबसे ज़्यादा प्रभावित होता है उन्हें एकजुट होकर संघर्ष करना चाहिए।

'हमारे दो दुश्मन हैं। ब्राह्मणवाद और पूंजीवाद'

आंबेडकर

'पूंजीवाद मुर्दाबाद'

क्रिस्टोफर हिचेंस के आखिरी शब्द

17 अगस्त 2015

मैं किसी से कमतर नहीं। और आंबेडकर मेरे साथ हैं।

28 अक्टूबर 2015

न ही वामपंथ, न वाम उदारवादी, वामपंथी क्रांतिकारी भी नहीं..सिर्फ क्रांतिकारी आंबेडकर ही हमें मुक्ति दिला सकते हैं।

25 दिसंबर 2015

मनुस्मृति दहन, 25 दिसंबर 1927

डॉ. आंबेडकर ने महाड में **25** दिसंबर **1927** को दूसरा पिछड़ा वर्ग

सम्मेलन आयोजित किया था। इसमें मनुस्मृति को जलाया गया था (जो अछूतों की गुलामी को जायज़ ठहराने वाली एकमात्र किताब है)। मनुस्मृति दहन एक क्रांतिकारी कदम था। इस कदम ने धर्मग्रंथों में निर्धारित अमानवीय, असमान विधानों को चुनौती देकर समानता और न्याय के सिद्धांत की घोषणा की।

मनुस्मृति दहन ने यह संदेश दिया कि जातिप्रथा जैसी सामाजिक कुरीतियों को चुनौती देकर अछूतों ने इन कानूनों की अवहेलना की है और अब वे इसे बर्दाश्त नहीं करेंगे।

6 दिसंबर 2015

आंबेडकर परिनिर्वाण दिवस

उन्होंने हमारा साथ दिया। वे हमारे लिए जिए और मरे।

आज देश उन्हें याद करता है, उन चमचों को नहीं जिन्होंने उनका विरोध किया था।

ii) आंबेडकर स्टूडेंट्स एसोसिएशन परिवार

आंबेडकर स्टूडेंट्स एसोसिएशन दलित छात्रों का संगठन है जिसकी स्थापना अनुसूचित जातियों के बारे में मंडल कमीशन की सिफारिशों के लागू किए जाने के बाद 1991 में हैदराबाद में की गई थी। 1993

में इस संस्था की स्थापना के समय इसमें इसमें मुट्ठी भर दलित शोधछात्र शामिल थे लेकिन आज इसके 800 सदस्य और समर्थक हैं।

विश्वविद्यालय में प्रतिरोध आंदोलनों का नेतृत्व करने का आंबेडकर स्टूडेंट्स एसोसिएशन का पुराना इतिहास रहा है। 2002 में जब एक दलित शिक्षक केवाई राजाराम को वार्डन के पद से हटाकर साफ-सफाई का काम देखने वाले पद पर डाल दिया गया तो आंबेडकर स्टूडेंट्स एसोसिएशन ने इसका विरोध किया। इस विरोध प्रदर्शन के बाद इसके 10 कैडरों को विश्वविद्यालय से बाहर निकाल दिया गया। इन छात्रों को बाहर निकालने का प्रस्ताव तत्कालीन मुख्य वार्डन पी. अप्पा राव लाए थे जो बाद में हैदराबाद विश्वविद्यालय के वाइस चांसलर भी बने। पी. अप्पा राव ने ही वेमुला और 4 अन्य दलित शोध छात्रों के ख़िलाफ़ दंडात्मक कार्रवाई की स्वीकृति प्रदान की।

2007 तक आंबेडकर स्टूडेंट्स एसोसिएशन एसएफआई के साथ मिलकर काम करता था। लेकिन 2008 में इसने अपने उम्मीदवारों को चुनाव में खड़ा किया। 2014 में आंबेडकर स्टूडेंट्स एसोसिएशन गठबंधन ने छात्रसंघ के चुनाव में जीत हासिल की। वेमुला उपाध्यक्ष और डोंथा प्रशांत अध्यक्ष बने। 1990 के दशक में आंबेडकर स्टूडेंट्स एसोसिएशन आरक्षण जैसे मुद्दों को लेकर आंदोलन करता था। बाद

में चलकर इसने प्रशासनिक उदासीनता, अकादमिक भेदभाव और व्यवस्थागत विफलताओं के कारण दलित छात्रों द्वारा की जाने वाली आत्महत्याओं के ख़िलाफ़ आंदोलनों का नेतृत्व करना शुरू किया।

हालांकि 2015 में यह चुनाव हार गया लेकिन यह संगठन मजबूत बना रहा। यह न केवल भारतीय जनता पार्टी के छात्र संगठन अखिल भारतीय विद्यार्थी परिषद का विरोध करता है बल्कि मार्क्सवादी कम्युनिस्ट पार्टी के छात्र संगठन एसएफआई का भी विरोध करता है। वेमुला ने आंबेडकर स्टूडेंट्स एसोसिएशन और इसकी नीतियों के बारे में काफी लिखा है क्योंकि उसके छात्र जीवन का एक बड़ा हिस्सा इससे जुड़ा हुआ था।

27 सितंबर 2014

हम जीत गए! आखिर हमारी विजय हुई! हैदराबाद केंद्रीय विश्वविद्यालय कैंपस में 20 वर्षों तक मेहनत करने के बाद शासित होने की बजाय शासक बनने का आंबेडकर स्टूडेंट्स एसोसिएशन का सपना अब जाकर पूरा हुआ। नेतृत्व करने वाला बनने का सपना, न कि किसी के पीछे चलने का। आंबेडकर स्टूडेंट्स एसोसिएशन के नेतृत्व में बनी युनाइटेड डेमोक्रेटिक एलाएंस ने हैदराबाद विश्वविद्यालय में हाल में जीत हासिल कर यह संदेश खुले रूप में

और ज़ोरदार तरीके से लोगों तक पहुंचाया है।

इस जीत को देखने के कई तरीके हो सकते हैं।

मैं व्यक्तिगत रूप से मानता हूं कि इस जीत ने यह साबित कर दिखाया है कि हम दलित-अल्पसंख्यक केंद्रीय विश्वविद्यालय जैसे बौद्धिक (!?) स्थान में किसी अन्य व्यक्ति या समूह से पीछे नहीं हैं। [यह एक घोषणा भी है कि – संपादक] हम अपनी शर्तों पर खड़े रह सकते हैं और वामपंथ तथा दक्षिणपंथ दोनों को अपनी औकात दिखा सकते हैं। यह जीत उस युग के अंत की भी घोषणा है जब प्रगतिवादी धर्मगुरु पिछड़े समुदाय के लोगों को ज्ञान बांटते थे, उन्हें रास्ता दिखाते थे और उनकी परवाह नहीं करते थे।

जैसा कि [पूर्व अमरीकी राष्ट्रपति – संपादक] लिंडन बी. जॉनसन ने कहा था, 'हम बीते हुए कल को वापस नहीं ला सकते, लेकिन आने वाले कल में हम या तो जीतेंगे या हारेंगे।' हमने [बाबासाहेब आंबेडकर के नाम पर – संपादक] जो जीत हासिल की है उसे हमारे प्रति छात्रों के अपमानजनक रवैए को समाप्त करने के एक अवसर के रूप में देखा जाना चाहिए।

हमने भाषण दिए और अब तक अपनी बातें कहीं। छात्रों ने हमें वोट दिया। अब काम करने का वक्त है, अपने को साबित करने का मौका।

17 अप्रैल 2015

पर्यावरण के प्रति 'संवेदनशील' कुछ छात्र आंबेडकर के जन्मदिवस पर आंबेडकर स्टूडेंट्स एसोसिएशन के पोस्टरों को देखकर हिल गए हैं। खैर यह तो अच्छा है कि 'अराजनीतिक', 'अप्रभावित' छात्र भी अब ऐसी 'चीज़ों' के विषय में बात कर रहे हैं और सोच रहे हैं। पोस्टर दीवारों पर बनाई तस्वीरों की तरह स्थायी तो नहीं होते।

हां, हमने दीवारों पर पोस्टर लगाए। हम चाहते हैं कि इस कैंपस के हर कोने में आंबेडकर दिखाई दें। हम चाहते थे कि आंबेडकर के जन्मदिवस समारोह के पहले उत्सव का माहौल तैयार हो। इसके लिए तात्कालिक तौर पर थोड़ी जगह घेर लेने से हमें कोई डर नहीं।

इससे विरोधी ताकतों को थोड़ी मिरची लगनी चाहिए। जो लोग हमारे आंदोलन में हमेशा कमियां निकालते हैं उनके लिए तो यह दृश्य आंख की किरकिरी की तरह होगा। लेकिन इससे कोई फर्क नहीं पड़ता। हमने इस बोझ को पहले भी ढोया है और आगे भी इसका मुकाबला करने को तैयार हैं।

पोस्टर चिपकाना कोई गंदा या परेशान करने वाला काम नहीं है ठीक वैसे ही जैसे विरोध प्रदर्शन को हंगामा कहना गलत है। पोस्टर चिपकाने से कोई भयंकर पर्यावरण विनाश नहीं होता, ठीक वैसे ही जैसे पुतला दहन करने से ओज़ोन परत में छेद नहीं होता।

आप किसी बात से सहमत नहीं हों और सिर्फ इसी वजह से उसे बढ़ा-चढ़ा कर पेश करना या पागलों की तरह उसका मज़ाक उड़ाना गलत है। पता नहीं ये लोग कहां थे जब इसी शैक्षणिक संस्थान में भगवा झंडे लहराए गए थे और ज़मीन के अंदर के पानी का इस्तेमाल होली मनाने के लिए किया गया था। मेरे पर्यावरण प्रेमी दोस्त, क्या इन चीज़ों को आप पर्यावरण विरोधी नहीं मानते?

21 सितंबर 2015

प्रोफेसर पोडिले अप्पा राव को हैदराबाद विश्वविद्यालय का नया वाइस चांसलर नियुक्त किया गया है...भले ही कोई भी व्यक्ति [कुलपति- संपादक] बने हमारा भाग्य हमेशा दांव पर लगा रहता है। हम अगर संघर्ष करेंगे तो हमारा अस्तित्व बचेगा, हम अगर आराम करने लगे तो हमारा नाश हो जाएगा। नाम बदल जाते हैं लेकिन व्यवस्था वही बनी रहती है। इसलिए उसके बारे में हम धेले भर की फिक्र नहीं करते और प्रतिरोध के अपने तरीकों को बेहतर बनाने की सोचते हैं।

10 अक्टूबर 2015

[आंबेडकर स्टूडेंट्स एसोसिएशन के छात्र संघ चुनाव में हार जाने

के बाद- संपादक]

प्यारे सहयोगी दल,

नारायण कजरोलकर। कभी नाम भी सुना है इसका?

इसने चुनाव में आंबेडकर को हराया था।

आंबेडकर स्टूडेंट्स एसोसिएशन की हार पर जश्न मनाने वाले सभी लोगों को समझ लेना चाहिए कि एक दूसरे को नुकसान पहुंचाने वाली इस प्रवृत्ति से उनकी 'एजेंसी' का ज़्यादा नुकसान होगा न कि हमारा।

नोट: कल रात चुनावों के परिणाम आने के बाद केवल आंबेडकर स्टूडेंट्स एसोसिएशन ने ही जय भीम का नारा दिया था और बाबासाहेब के नारे लगाए थे। यह सोच चुनाव में विजय हासिल करने से नहीं बल्कि आंबेडकरवाद के प्रति प्रेम से पैदा होती है।

10 अक्टूबर 2015

2015 के छात्रसंघ चुनाव जीतने वालों को बधाइयां। सांप्रदायिक हिंदुत्ववादी ताकतों के ख़िलाफ़ खड़े होने के लिए बधाइयां। देश में हर तरफ पसर रहे आक्रामक बहुसंख्यक राजनीति को टक्कर देने के लिए सजग छात्र समुदाय को बधाइयां।

आंबेडकर स्टूडेंट्स एसोसिएशन का सदस्य होने के नाते इस

चुनाव के दौरान हमने जो रुख अपनाया उसके लिए मैं बहुत खुश हूं। मैं गौरवान्वित महसूस कर रहा हूं। हमारे विरोधियों को भी अपना गठबंधन और नीतियां आंबेडकर स्टूडेंट्स एसोसिएशन के लंबे संघर्ष से उपजे विचारों के अनुरूप ढालना पड़ा। यह हमारी राजनीति की नैतिक जीत का प्रमाण है। मुझे खुशी है कि अब हमें अपने संघर्षों के तौर-तरीकों को बेहतर बनाने और नए ढंग से संगठित होने के लिए थोड़ा वक्त मिला है।

'जब भी तुम किसी व्यक्ति को अपने से ज़्यादा सफल होते हुए देखो, खासकर उस समय जब तुम दोनों एक ही व्यवसाय में शामिल हो तो समझ लो कि वह कुछ ऐसा कर रहा है जो तुम नहीं कर रहे हो'
मैल्कम एक्स

27 नवंबर 2015

[पांडिचेरी विश्वविद्यालय में आंबेडकर स्टूडेंट्स एसोसिएशन की जीत पर — संपादक]

पांडिचेरी तो बस एक शुरुआत है। देश भर में एक भी महत्वपूर्ण छात्र आंदोलन नहीं होगा जो आंबेडकर के नाम से इन्कार कर सकेगा। यकीन कीजिए यह उतना ही खूबसूरत होगा जितना कि सुनने में लगता है।

8
हिंदू दक्षिणपंथ से सामना

वेमुला हिंदू दक्षिणपंथी राजनीति का घोर विरोधी था। मई 2014 में नरेंद्र मोदी के नेतृत्व में एनडीएगठबंधन ने सरकार बनाई। इसके बाद वेमुला की टिप्पणियों में सांस्कृतिक आक्रामकतावाद और नफ़रत की राजनीति के नाम पर इस सरकार की कठोर आलोचना दिखाई देती है। फेसबुक तथा अन्य स्थानों पर हिंदुत्व-विरोधी विचार व्यक्त करने के कारण वेमुला को अनेक दुष्परिणाम भुगतने पड़े।

वेमुला का मानना था कि सार्वजनिक स्थानों को किसी धर्मविशेष के आयोजनों से नहीं जोड़ा जाना चाहिए। 2013 में जब उसने सार्वजनिक स्थानों पर हिंदू धार्मिक आयोजनों का विरोध किया तो भारतीय जनता पार्टी के युवा मोर्चे जनता युवा मोर्चा ने पुलिस में उसके ख़िलाफ़ शिकायत दर्ज करवाई।

अपने लेखन में वेमुला सिर्फ भारतीय जनता पार्टी के छात्र संगठन अखिल भारतीय विद्यार्थी परिषद का ही विरोध नहीं करता था बल्कि प्रधानमंत्री, भाजपा नेतृत्व तथा आरएसएस की भी आलोचना करता था। भाजपा के बड़े बड़े नेताओं द्वारा भारतीय इतिहास को हिंदू दृष्टि से पेश किए जाने की सांस्कृतिक जिहाद की बात हो या अल्पसंख्यकों तथा दलितों के भोजन जैसे गोमांस पर रोक-टोक लगाने और चमड़े पर निर्भर रहने का

मुद्दा, वेमुला किसी भी बात पर टिप्पणी से चूकता नहीं था। वेदों को विज्ञान के बराबर साबित करने की पार्टी की कोशिश भी वेमुला को अखरती थी। 21 जून को अंतर्राष्ट्रीय योग दिवस के रूप में मनाए जाने तथा 25 दिसंबर को सुशासन दिवस के रूप में मनाए जाने का भी वेमुला ने विरोध किया था। उसका कहना था कि यह अल्पसंख्यकों तथा अन्य पिछड़ी जातियों के जीवन के साथ सरकार द्वारा की गई छेड़छाड़ थी। वह दावा करता था कि केवल आंबेडकरवाद ही देश को हिंदू-दक्षिणपंथ के हमले से बचा सकता था।

वेमुला की आलोचना में व्यंग्य का गहरा पुट था। वह हिंदी तथा अंग्रेज़ी को मिलाकर टिप्पणियां लिखता था। वह बड़े महीने तरीके से अपने विरोधियों को अपमानित भी करता था। इस सबकी वजह से हैदराबाद विश्वविद्यालय में वेमुला के कई दुश्मन पैदा हो गए थे। यह कोई संयोग नहीं था कि हैदराबाद विश्वविद्यालय में अखिल भारतीय विद्यार्थी परिषद के नेता नंदनम सुशील कुमार ने ही वेमुला और आंबेडकर स्टूडेंट्स एसोसिएशन के उसके साथियों के ख़िलाफ़ शिकायत दर्ज करवाई जिसके आधार पर उसे विश्वविद्यालय से निष्कासित कर दिया गया। आंबेडकरी प्रतिरोध ने आखिर सही निशाना लगाया था।

i) भगवा आतंक

17 सितंबर 2015

भारतीय जनता पार्टी, अखिल भारतीय विद्यार्थी परिषद, राष्ट्रीय स्वयंसेवक संघ तथा विश्व हिंदू परिषद के ख़िलाफ़ संघर्ष...आंबेडकर का यही मतलब था (हिंदू राज के ख़िलाफ़ आंबेडकर की टिप्पणी के संदर्भ में)

1 अक्टूबर 2014

हर तानाशाह इन्हीं शब्दों के साथ शुरुआत करता है- सांस्कृतिक प्रभुत्व, युद्ध, औद्योगिक विकास तथा धार्मिक कट्टरतावाद। और आपको पता होगा कि उनमें से हरेक टूटे जबड़े और विकृत चेहरा लेकर ही अपनी कब्र में वापस गया था।

26 अक्टूबर 2014

[दिल्ली के त्रिलोकपुरी इलाके में हुए सांप्रदायिक तनाव के संदर्भ में जिसमें बहुत से लोग घायल हुए थे - संपादक]

इसमें भगवा गोबर की बू आती है...संघी शैली के होलोकास्ट की आहट। उत्तर प्रदेश में भी चुनाव के पहले ऐसा ही हुआ था। बिहार में विधानसभा चुनावों के पहले भी कुछ ऐसा ही देखने को मिला था

और अब दिल्ली में जब 3 विधानसभा क्षेत्रो में 25 नवंबर को उपचुनाव होने वाले हैं तो इस प्रकार के सांप्रदायिक तनाव को हवा दी जा रही है। क्या यह एक महज संयोग है या जानबूझ कर अपनाई गई रणनीति ताकि दोनों समुदाय आपस में लड़ते रहें और उन्हें वोट मिल जाए?

16 नवंबर 2014

वेदों को किसी भी तरह विज्ञान से जोड़ने की कोशिश विज्ञान का अपमान है। विज्ञान, कथा-साहित्य की तरह केवल वस्तुओं के सपने नहीं देखता (जैसे कि वैचोव्स्की बंधुओं की द मैट्रिक्स, एचजी वेल्स की टाइम मशीन या विलुप्त जादूगरों द्वारा रचित वेद) बल्कि वह इसके साथ साथ इन स्वप्नों को ठोस स्वरूप प्रदान करने के साधन भी विकसित करता है। वेदों में भले ही विमानों के उड़ने के सिद्धांत की चर्चा, आण्विक सिद्धांत या अन्य आधुनिक सिद्धांतों की प्रतीकात्मक या अतिशयोक्तिपूर्ण चर्चा हो सकती है लेकिन हमें इस बात का निर्णय तार्किक आधार पर करना होगा कि ये केवल मान्यताएं थीं या कल्पना की उड़ान। सच्चाई चाहे जो भी हो, वक्त की मांग है कि हमें विज्ञान का पक्ष लेना होगा और इसकी प्रवाहशीलता, संक्षिप्तता तथा इसके दार्शनिक शैली के ठोस स्वरूप को बनाए रखना होगा। इसके साथ ही हमें हिंदुत्ववादी प्रचारतंत्र के पुरातनपंथी, अस्पष्ट तथा

सांकेतिक कपट जाल से खुद को बचाए रखना होगा।

4 दिसंबर 2014

[भाजपा मंत्री साध्वी निरंजन ज्योति के इस बयान के संदर्भ में कि ईसाई और मुसलमान राम की संतान नहीं बल्कि हरामज़ादे हैं — संपादक]

पहले उन्होंने कहा 'भारत माता' और अब 'पापा राम'। अगली बार वे क्या कहेंगे- कृष्ण मामा या ब्रह्मा दादा?

भाजपा का यह मम्मी-पापा वाला धंधा कुछ जमता नहीं है।

24 मार्च 2015

सितंबर 2013 में चंद्रनगर की भारतीय जनता युवा मोर्चा की कमिटी ने मेरे ख़िलाफ़ धारा 66 A के तहत पुलिस में शिकायत लिखवाई थी। उन्होंने इस शिकायत में श्री श्री की कविता 'टमटम' के बारे में मेरे फेसबुक पोस्ट का हवाला दिया था। उनका कहना था कि यह विनायक चतुर्थी की स्मृति का अपमान करती है। मुझे बिना किसी वारंट या अदालती कार्रवाई के पुलिस थाने में दो दिन बंद रखा गया था।

आज सुप्रीम कोर्ट ने धारा 66 A को गैर-क़ानूनी करार दिया है। अदालत ने कहा है कि यह धारा पूरी तरह से अस्पष्ट है।

जीत का अहसास कर रहा हूं।

12 अप्रैल 2015

कश्मीरी पंडितों ने जम्मू कश्मीर लिबरेशन फ्रंट के साथ मिलकर उनके लिए अलग टाउनशिप बनाने की भाजपा की योजना को नकार दिया है। भारत में कुछ जगहें ऐसी हैं जहां हिंदुओं और मुसलमानों के बीच मतभेद नहीं हैं। ये वैसी जगहें हैं जहां राजसत्ता लोगों के मन में असुरक्षा की भावना भरने में कामयाब नहीं रहा है। हम साथ जीते हैं और साथ ही मरते हैं।

8 जून 2015

[नेताओं द्वारा अलग राय रखने वाले लोगों को देश छोड़ कर जाने की सलाह दिए जाने के बारे में- संपादक]

अरे यार...!!!

गोमांस खाते हो? भारत छोड़ो।

भारतीय क्रिकेट टीम का समर्थन नहीं करते? भारत छोड़ो।

योगाभ्यस नहीं करते? भारत छोड़ो।

आप कौन होते हैं मुझे भारत छोड़ कर जाने को कहने वाले?

और इसके बाद क्या होने वाला है?

ब्रह्मचारी नहीं हो? सेक्स करते हो? भारत छोड़ो।

9 जून 2015

[हैदराबाद विश्वविद्यालय के भगवाकरण के ख़िलाफ़ - संपादक] हैदराबाद केंद्रीय विश्वविद्यालय में अंतर्राष्ट्रीय योग दिवस मनाया जा रहा है। योग अब केवल एक शारीरिक गतिविधि नहीं रह गया है। यह हिंदुत्व की विचारधारा को फैलाने का एक साधन बन गया है। योग के फायदों के बारे में झूठे वैज्ञानिक दावे किए जाते हैं। योग के लिए संस्कृत के श्लोकों का उच्चारण करना होता है। इसके कारण ईसाई, मुसलमान, नास्तिक आदि गैर-हिंदू इसमें शामिल नहीं किए जा सकते। इसलिए विश्वविद्यालय जैसी संस्थाओ को योग दिवस जैसे आयोजन नहीं करना चाहिए न ही इन्हें बढ़ावा देना चाहिए। नकली विज्ञान को संस्थागत स्वरूप देने का विरोध करें, कैंपसों के भगवाकरण का विरोध करें।

20 जून 2015

हिंदुत्ववाद से प्रभावित छोटे-मोटे काउंसिलर भी अल्पसंख्यकों को धमकाने लगे हैं। अच्छे दिन आने ही वाले हैं! याद रखना अगर हमने इसे अभी रोकने की कोशिश नहीं की तो जिस शैतान ने हमारे

पड़ोस में विनाश का तांडव किया है वह हमारे दरवाज़े पर भी दस्तक ज़रूर देगा।

3 जुलाई 2015

आम आदमी पार्टी भी इनसे अलग नहीं है। यह भी एक दक्षिणपंथी नमूना है।

3 सितंबर 2015

मैं उन तीन बिंदुओं की पहचान कर सकता हूं जिसके पहले और जिसके बाद भारत के इतिहास में नेता पैदा हुए।

पहला था कुख्यात स्वतंत्रता संग्राम।

दूसरा था आपातकाल।

तीसरा काल अभी चल रहा है- मोदी सरकार।

अभी या कभी नहीं!

3 सितंबर 2015

[राष्ट्रीय स्वयंसेवक संघ की मीटिंग के संदर्भ में जिसमें भाजपा के शीर्षस्थ मंत्रियों ने हिस्सा लिया था- संपादक]

भाजपा के महासचिव राम माधव ने कहा, सभी राष्ट्रीय तथा

आर्थिक मुद्दों पर चर्चा होगी।

सरकार की नीतियों को किसी ऐसे संगठन के सामने क्यों पेश किया जाना चाहिए या उसपर बहस की जानी चाहिए जिसने सांप्रदायिक दंगे भड़काए थे और जिसपर किसी समय प्रतिबंध लगाया गया था?

17 सितंबर 2015

[शिक्षाविदों के द्वारा देश में सांप्रदायिकता के मुद्दे पर सामूहिक त्यागपत्र दिए जाने के सवाल पर-संपादक]

एक और शिक्षाविद ने अपने पद से त्यागपत्र दे दिया। कारण: भगवाकरण।

13 अक्टूबर 2015

दलित संगठनों और स्वतंत्र दलित कार्यकर्ताओं को संघ के कार्यक्रमों तथा उसके जनसंहार कार्यक्रमों का जी जान से विरोध करने का संकल्प लेना चाहिए। इसके लिए वामपंथ के समर्थन की प्रतीक्षा करना समय की बर्बादी है। दलितों को व्यक्तिगत तौर पर संघ का विरोध करना चाहिए। अगर हमने ऐसा नहीं किया तो हमारी अगली पीढ़ियों का भविष्य अंधकारमय हो जाएगा।

8 नवंबर 2015

भगवा आतंक। अगर देश में कोई संभावित आतंकवादी है तो वे हैं ये संघी। भगवा पागल।

8 नवंबर 2015

[भाजपा के बिहार चुनावों में हार के मुद्दे पर- संपादक]

आइए आज हम हैदराबाद विश्वविद्यालय के दक्षिणी कैंपस में इसका जश्न मनाएं- उन संघी बच्चों के नाक के ठीक नीचे जो मानते हैं कि मोदी में दैवीय शक्ति है। आइए पटाखे छोड़कर हम जश्न मनाएं। चलिए मिठाइयां बांटें। एक नई लहर की शुरूआत हुई है- भाजपा विरोधी लहर, मोदी विरोधी लहर।

अब केवल दक्षिण भारत ही मोदी का विरोध नहीं कर रहा, उत्तर भारत भी भाजपा सरकार के विरोध में शामिल है। जश्न मनाने का वक्त आ गया है।

11 नवंबर 2015

कट्टरपंथी हिंदुत्वादी मुसलमानों, ईसाइयों और दलितों के घर जला रहे हैं।

थोड़े से मध्यमार्गी हिंदुत्ववादी भगवान के नाम पर पटाखे चला

रहे हैं और पूजा का आयोजन कर रहे हैं।

प्रगतिशील हिंदुत्ववादी ऑनलाइन मीडिया में हिंदुत्ववादियों का विरोध कर रहे हैं और साथ ही दिवाली के दिन-नहा धोकर नए कपड़े पहन रहे हैं।

ii) अखिल भारतीय विद्यार्थी परिषद और हैदराबाद विश्वविद्यालय

2005 तक हैदराबाद विश्वविद्यालय छात्रसंघ के चुनावों में वामपंथी और दक्षिणपंथी संगठनों के बीच मुकाबला होता था। लेकिन 2005 के बाद आंबेडकर स्टूडेंट्स एसोसिएशन तथा दलित स्टूडेंट्स यूनियन, बहुजन स्टूडेंट्स फ्रंट तथा ट्राइबल स्टूडेंट्स फोरम का उभार हुआ और यह एक ताकतवर गठबंधन के रूप में सामने आया। मुसलमानों के छात्र संगठन के साथ आने के बाद एक दलित-बहुजन-आदिवासी-मुस्लिम गठबंधन का जन्म हुआ। इसके बाद कैंपस में चुनाव त्रिकोणीय होने लगे।

वेमुला अखिल भारतीय विद्यार्थी परिषद का घोर विरोधी था। वह इसके ख़िलाफ़ आंबेडकर स्टूडेंट्स एसोसिएशन तथा स्टूडेंट्स फेडरेशन ऑफ इंडिया के द्वारा चलाए जा रहे संघर्षों में ऑनलाइन माध्यम में काफी सक्रिय था। भाजपा सत्ता में थी

और इसीलिए वेमुला को विश्वविद्यालय के अंदर अखिल भारतीय विद्यार्थी परिषद को रोकने की ज़रूरत महसूस होती थी।

हालांकि वेमुला को ऑनलाइन काफी गाली गलौज का सामना करना पड़ता था और उसे व्यक्तिगत तौर पर भी डराया-धमकाया जाता था लेकिन इसके बावजूद वेमुला अखिल भारतीय विद्यार्थी परिषद के ख़िलाफ़ लिखने से कभी पीछे नहीं हटा। इसी बीच अपने लेखन में वेमुला अखिल भारतीय विद्यार्थी परिषद की उपस्थिति के साथ साथ 2014 में भाजपा के गद्दी पर काबिज होने के बाद इसके क्रियाकलापों के बारे में भी लगातार लिखता रहा।

29 अक्टूबर 2014

आज किसी ने मुझसे हैदराबाद विश्वविद्यालय में अखिल भारतीय विद्यार्थी परिषद के स्वच्छ भारत अभियान के बारे में पूछा।

भाई मैं इसका तहे दिल से स्वागत करता हूं...मैं तो हृदय से मानता हूं कि वे अच्छा काम कर रहे हैं। मैं तो हमेशा सोचता था कि हमारे कैंपस में प्रगतिशील छात्रों के हाथों पांच बार हार का सामना करने के बाद उनके लिए राजनीति के बजाए सड़क की सफाई, बागबानी जैसे काम ज्यादा उचित होंगे।

नोट: तुम्हारे विज्ञापनों के तमाशे की ऐसी की तैसी, संघ के औलाद, हम तुम से हमेशा नफरत करेंगे सांप्रदायिक कुत्ते...!!!

22 जुलाई 2015

[पार्टी में शामिल करने के लिए अखिल भारतीय विद्यार्थी परिषद छात्रों को कुछ ईनाम दे रही थी। यह नोट उसी संदर्भ में है - संपादक]

मैं हैदराबाद विश्वविद्यालय के इस महान कैंपस में 2010 में आया। उस समय एक अनजान सा समूह था डिस्कवरी जो हर विषय में सबसे अधिक अंक प्राप्त करने वाले छात्र को ईनाम के तौर पर पैसे देता था (ज़्यादातर विज्ञान में सर्वोच्च अंक प्राप्त करने वाले छात्रों को)। आज 2015 में अखिल भारतीय विद्यार्थी परिषद ने यह नकाब हटा दिया है। अब इसे इतनी हिम्मत आ गयी है कि यह सीधे-सीधे अपने नाम पर छात्रों को रुपए बांटने लगा है। मैं राजनीतिक नैतिकता के बारे में ज़्यादा नहीं जानता लेकिन इतना ज़रूर समझता हूं कि कोई भी राजनीतिक समूह शैक्षणिक संस्था में छात्रों को पुरस्कार या पैसे नहीं दे सकता। अगर इसे स्वीकार कर लिया जाता है तो इसकी वजह से कई चीज़ें बदल जाएंगी। इस स्थिति में सिर्फ वही दल फले-फूलेंगे जिनका संबंध कैंपस के बाहर के किसी राजनीतिक दल से है।

मेरे एक वरिष्ठ मित्र ने मुझे बताया था कि लिंगदोह कमिटी की सिफारिशों में साफ कहा गया है कि कैंपस के अंदर राजनीतिक दलों से पैसों के लेनदेन पर पूरी तरह से रोक लगाई जानी चाहिए। भाजपा अपने छात्र संगठन अखिल भारतीय विद्यार्थी परिषद को बेशक राजनीति के लिए पैसे देगी। दूसरी तरफ हमारी हालत ये हो जाएगी कि हम इस भ्रष्टाचार पर कोई सवाल भी नहीं उठा सकेंगे।

आखिर समस्या की जड़ कहां है?

24 सितंबर 2015

भारतीय जनता पार्टी ने भारत को बैनिस्तान बना दिया है। अखिल भारतीय विद्यार्थी परिषद इसका चमचा है। दोनों मिलकर हमारी ज़िंदगी को तय करना चाहते हैं। अगर वे सत्ता में आते हैं तो फिर किसी प्रकार के मतभेद की गुंजाइश खत्म हो जाएगी। किसी भी आम छात्र ने अगर थोड़ा सा भी स्वतंत्र रास्ता अपनाने की कोशिश की तो वे इसे आपराधिक घोषित कर देते हैं।

पहले उन्होंने गोमांस पर प्रतिबंध लगाया और अब [कुछ राज्यों में- संपादक] मांस पर भी प्रतिबंध लगा दिया गया है। अगर अखिल भारतीय विद्यार्थी परिषद का छात्रसंघ पर कब्ज़ा हो जाता है तो वे गैर-हिंदुओं पर न प्रतिबंध लगा दें। जो कोई भी उनकी आत्मतुष्ट

समझ से सहमत नहीं होता है उसे वे आपराधिक मामलों में फंसा देते हैं। स्टूडेंट्स फेडरेशन ऑफ इंडिया बहुत ही कमज़ोर विकल्प है...इसके सभी सदस्य 'अच्छे हिंदू' हैं। इस [भगवा विस्तार- संपादक] को रोकने का एक ही विकल्प है- छात्रसंघ में युनाइटेड डेमोक्रेटिक एलाएंस [दलित, बहुजन, मुस्लिम गठबंधन- संपादक]।

9
उतना अच्छा प्रशासन नहीं

वेमुला भाजपा के भगवाकरण प्रक्रिया का ही विरोध नहीं करता था बल्कि वह उनके मुक्त व्यापार नीति का भी विरोधी था। साथ ही वह शैक्षणिक संस्थाओं तथा छात्र आंदोलनों में उनके बढ़ते हस्तक्षेप का भी विरोधी था।

वह एनडीए सरकार की तकरीबन सभी प्रमुख नीतियों का विरोधी था। इसमें मानव संसाधन विकास मंत्रालय द्वारा उच्च शिक्षा के संस्थानों में किया जाने वाला हस्तक्षेप भी शामिल था। अपने लेखन में वेमुला ने साफ-साफ कहा था कि स्वायत्त संस्थानों के छात्रों के आंदोलन में प्रशासन की ओर से दमन की नीति लोकतांत्रिक मूल्यों पर आघात पहुंचाती है। वेमुला आईआईटी मद्रास द्वारा आंबेडकर पेरियार स्टडी सर्किल की मान्यता समाप्त किए जाने से लेकर दीक्षांत समारोहों में भारतीय पोशाक में आने की बाध्यता निर्धारित करने और गैर-नेट छात्रवृत्तियों (नॉन-नेट यूजीसी फेलोशिप) के कम किए जाने जैसे सभी मुद्दों पर उच्चतर शिक्षा के क्षेत्र में मानव संसाधन विकास मंत्रालय की हरेक दखलंदाज़ी का विरोध करता था। इसी संदर्भ में मानव संसाधन विकास मंत्रालय द्वारा हैदराबाद विश्वविद्यालय से राष्ट्रविरोधी गतिविधियों के बारे में रिपोर्ट मांगे जाने की बात का महत्व बढ़ जाता है।

मानव संसाधन विकास मंत्रालय की दखलंदाज़ी के विरोध ने आगे आने वाले उसके संघर्षों में वेमुला के लिए भूमिका तैयार की। यह भाग्य का अनूठा खेल है कि देश भर के छात्रों ने तत्कालनीन मानव संसाधन विकास मंत्री स्मृति ईरानी को वेमुला की आत्महत्या के लिए ज़िम्मेवार ठहराया।

i) मानव संसाधन विकास मंत्रालय की राजनीति

29 मई 2015

आईआईटी मद्रास ने आंबेडकर पेरियार स्टडी सर्किल की मान्यता रद्द कर दी क्योंकि यह छप्पन इंच वाले और गौ-माता के बच्चों पर सवाल उठा रहा था...एमएचआरडी के निरंकुश कदम को धिक्कार है।

29 मई 2015

स्टडी सर्किल को बंद किया जाना

आंबेडकर पेरियार स्टडी सर्किल। इस नाम के हर शब्द से आईआईटी मद्रास के मनुवादियों को डर लगता था। इस समूह के हर शब्द से आईआईटी मद्रास की शोषक व्यवस्था को खतरा महसूस होता था। स्टडी सर्किल पर प्रतिबंध लगा दिया गया है। डीन ऑफ स्टूडेंट्स ने घोषणा की स्टडी सर्किल की मान्यता समाप्त कर दी गई है क्योंकि

इसने जनविरोधी कानूनों के लिए मोदी सरकार की आलोचना की है। स्टडी सर्किल ने तो बस इन नीतियों के खतरों के बारे में लोगों को आगाह किया था। मानव संसाधन विकास मंत्रालय ने इन नन्हें क्रांतिकारियों के ख़िलाफ़ जो कुछ भी किया उससे ईस्ट इंडिया कंपनी की याद आती है। मानव संसाधन विकास मंत्रालय की तारीफ जो नहीं करेगा उसपर प्रतिबंध लगा दिया जाएगा। इस मंत्रालय का काम है कैंपसों के अंदर शिक्षा के स्तर को सुधारना लेकिन यह प्रतिगामी मोदीकरण के एजेंट और फासीवादी व्यवस्था को आगे बढ़ाने के एक यंत्र का काम कर रहा है।

किसी बहस के दौरान स्वर्गीय क्रिस्टोफर हिंचेंस ने कहा था कि किसी के बोलने के अधिकार को छीनने का मतलब होता है अपने सुनने के अधिकार को खोना। किसी की आवाज़ को दबाने का अर्थ सिर्फ अभिव्यक्ति की स्वतंत्रता का हनन ही नहीं होता है। इसके साथ ही सुनने वाले के अधिकारों का भी हनन हो रहा होता है। इसलिए स्टडी सर्किल पर प्रतिबंध को हमारे लोकतांत्रिक अधिकारों पर हमले के रूप में देखा जाना चाहिए। अपने इस घृणित कदम से सरकार ने यह बताया है कि उन्हें गूंगे छात्रों और बहरी जनता की ज़रूरत है।

इस अप्रिय घटना से राष्ट्रीय स्तर पर आंबेडकरवादी छात्रों के नेटवर्क की कमी का भी पता चलता है। हमें यह समझना होगा कि

अगर हम एक दूसरे से थलग होकर खड़े रहेंगे तो सरकार हम सभी को एक एक कर समाप्त कर देगी। हम सब को मिलकर एक बड़े नेटवर्क का निर्माण करना होगा। इस युग में जब वामपंथ सिकुड़ चुका है और कांग्रेस उसी फासीवादी भाजपा का जुड़वां भाई है तो इस बात की और भी ज़रूरत है।

'अभिव्यक्ति की आज़ादी हमेशा और सिर्फ़ उनके लिए मायने रखती है जो अलग हटकर सोचते हैं' रोज़ा लक्ज़मबर्ग

अभिव्यक्ति की स्वतंत्रता के बिना तो देश को लोकतांत्रिक कहने का कोई मतलब नहीं भले ही क़ानून की किताब में कुछ भी लिखा हो।

12 जून 2015

फिल्म तथा टेलिविज़न संस्थान

शैक्षणिक संस्थानों के भगवाकरण के ख़िलाफ़ छात्र

फिल्म तथा टेलिविज़न संस्थान भारत की कला संबंधी थोड़ी सी बची हुई संस्थाओं में एक है। मोदीकरण किए जाने वाले स्थानों में इसका भी नाम जुड़ गया है। इस संस्थान का अध्यक्ष एक ऐसे व्यक्ति को बनाया गया है जिसकी एकमात्र योग्यता है पार्टी के प्रति स्वामीभक्ति (और छिटपुट टीवी सीरियलों में काम)। शैक्षणिक स्थानों के इस अपमान के ख़िलाफ़ छात्र युद्ध छेड़ रहे हैं।

मैं उनके साथ हूं।

मैं एफटीआईआई [के छात्रों] के साथ हूं!

23 सितंबर 2015

अग्रहारम कानून का साया भारत में उच्च शिक्षा संस्थानों पर मंडरा रहा है।

24 सितंबर 2015

यूजीसी की ओर से धोती-पाजामा पहनने का नया आदेश हास्यास्पद ही नहीं, भयंकर भी है। छात्रों के प्रति यूजीसी का रवैया त्रासद है। यूजीसी जब चाहे, जो चाहे प्रस्तावित कर सकती है लेकिन इसे छात्रों के ऊपर लादना सही नहीं है, खासकर जब मामला व्यक्ति की आज़ादी का हो।

ईमानदारी से कहूं तो धोती-पाजामे को किसी भी आधार पर देशज पोशाक कहना सही नहीं है। ब्राह्मण हिंदू संस्कृति के अलावा भी देश में अनेक संस्कृतियां हैं। महिलाओं को साड़ी या सलवार कमीज़ पहनने के लिए कहना जेंडर के बारे में जड़ (एसेंशियलिस्ट) समझ को दर्शाता है। लेकिन वामपंथ जिस तरह पहनावे के बारे में इस नए आदेश का विरोध कर रहा है, मेरी उनसे भी सहमति नहीं

है। जो वामपंथी छात्र आज धोती संस्कृति का विरोध कर रहे हैं वही विशेष अवसरों जैसे सांस्कृतिक महोत्सवों और 'एथनिक दिवसों' पर यही पोशाक पहनते हैं। वामपंथ के इस दोहरे पैमाने और दुखद पाखंड का ही परिणाम है कि आज हिंदुत्व के सांस्कृतिक प्रभुत्ववाद का कोई ठोस विरोध नहीं हो पा रहा।

मैं दीक्षांत समारोह के लिए निर्धारित ड्रेसकोड का भी विरोध करता हूं। मैं गाउन पहनना पसंद करूंगा। इसे पहनकर मुझे लगता है कि मैं भी दुनिया के व्यापक शिक्षित समुदाय का हिस्सा हूं।

23 अक्टूबर 2015

मैं यूजीसी द्वारा गैर-नेट छात्रवृत्ति को बंद किए जाने के फैसले के ख़िलाफ़ 2015-16 के छात्रसंघ के साथ हूं। जय भीम।

ii) बाल मजदूरी

18 मई 2015

वाह। प्रधानमंत्री अवश्य ही विद्वान हैं। [14 वर्ष से कम उम्र के बच्चों को घरेलू व्यवसाय में काम करने की अनुमति देने के फैसले के बारे में- संपादक] इस तरह के व्यवस्थागत तरकीब के द्वारा ब्राह्मणवादी ताकतें वैदिक काल के वर्ण-व्यवस्था को फिर से जीवित करना चाहती हैं।

iii) सहिष्णुता पर विवाद

23 अक्टूबर 2015

हे देश भर के सहनशील व्यक्तियों, कृपया सहना बंद करो। आप भी हमारी स्थिति के लिए ज़िम्मेवार हो।

2 दिसंबर 2015

सड़क के किनारे आंख पर पट्टी बांधकर खड़े (और शायद चुपचाप खड़े) मुसलमान या कश्मीरी पंडित को गले लगाने की 'बहादुरी' दिखाना सहनशीलता नहीं कही जा सकती। दरअसल ऐसा करना दूसरे धार्मिक समूहों और समुदायों के प्रति असहिष्णुता और संदेह का नग्न-प्रदर्शन माना जा सकता है जिसका एक लंबा इतिहास रहा है। अपने विरोधी धार्मिक या राजनीतिक अथवा सांस्कृतिक मान्यता रखने वाले व्यक्ति के प्रति सहिष्णुता दिखाना ही असली सहिष्णुता है।

iv) प्रत्यक्ष विदेशी निवेश

11 नवंबर 2015

अपनी खास अहंकारी तथा अभिजातवादी शैली को अपनाते हुए भाजपा सरकार ने सुधार के नाम पर 15 क्षेत्रों में प्रत्यक्ष विदेशी निवेश की अनुमति देकर विदेशी पूंजीपतियों को हमारे संसाधानों पर कब्ज़ा

करने की इजाज़त दे दी। दूसरी तरफ इन्हीं कट्टरपंथियों ने ढीले-ढाले 'मेक इन इंडिया' कार्यक्रम की शुरुआत की है। रक्षाक्षेत्र अब औपचारिक तौर पर 49 प्रतिशत हो चुका है। यह और कुछ नहीं बल्कि पूंजीवादी आक्रामकता का इज़रायली मॉडल है। अगले कुछ वर्षों में हम और आप जो समाचार देखते हैं उसे भी इंग्लैंड और अमरीका के धुएं भरे स्टूडियो में बनाया जाएगा। अगर हमारा भाग्य अच्छा नहीं होगा तो कोई 'फॉक्स' हमारी सोच को निर्धारित करने वाला बन जाएगा। शोधकार्य तो अब घोषित तौर पर अभिजातवादी हो ही चुका है। महामारियों को तबतक प्रतीक्षा करनी होगी जबतक मोटापे और धूप में झुलसी चमड़ी का इलाज नहीं खोज लिया जाएगा।

जब राष्ट्रीय स्वयं सेवक संघ और भारतीय जनता पार्टी ने कहा कि आरक्षण पर फिर से विचार होना चाहिए तो हमने पुतले जलाए, चर्चाएं की और सो गए। आज उन्होंने अपनी योजना को अमली जामा पहना दिया है। निजी क्षेत्र सनातनपंथी गांव के अलावा कुछ नहीं जहां दलितों को रहने की इजाज़त नहीं।

इन दुष्टों की नज़रों में आंबेडकर देशद्रोही हैं। चाहे वह प्रत्यक्ष विदेशी निवेश का मुद्दा हो ज़मीन के बंटवारे का, भारत का हरेक सुधारवादी कार्यक्रम उच्च जातियों और उच्च वर्गों के लिए आरक्षित रहा है।

आखिर एक दिन ऐसा आएगा जब पूंजीवादी राष्ट्रभक्तों और समाजवादी देशप्रेमियों को क्रमशः उनकी हिंसा और चुप्पी के लिए जवाब देना होगा।

v) बजट के बारे में

12 जुलाई 2014

[अरुण] जेटली के बजट में नवीन और नवीकरणीय ऊर्जा के क्षेत्र में वित्तीय सहयोग की राशि को कम कर दिया है। कुछ लोग अब भी ऐसा सोचते हैं कि रिलाएंस का भाजपा सरकार पर कोई नियंत्रण नहीं है।

1 मार्च 2015

बर्बाद बजट के कुछ मुख्य बिंदुः कॉरपोरेट घरानों का पेट भरने के लिए भरपूर व्यवस्था और गरीबों (न कि गरीबी) को खत्म करने का इंतज़ाम। बेलगाम पूंजीवाद को बढ़ावा देने का सुपरिचित फॉर्मूला। [सूचना और प्रसारण मंत्रालय द्वारा संविधान के प्राक्कथन को उद्धृत करते हुए जारी किए गए विज्ञापन में समाजवाद शब्द का गायब हो जाना- संपादक] जानबूझ कर नहीं किया गया है, ऐसा मानना सही नहीं होगा।

vi) भूमि-सुधार बिल 2015

27 फरवरी 2015

भाजपा सरकार की नव-पूंजीवादी प्रवृत्तियों का विरोध करें। संसद में दक्षिणपंथ के कारनामों के विरोध में खड़े हों।

11 मार्च 2015

किसानों से ज़मीन छीनने का बिल कल संसद ने पास कर दिया।

vii) हिंदी की पढ़ाई आवश्यक किए जाने के बारे में

21 जून 2014

प्रशासन की भाषा के तौर पर हिंदी के प्रयोग को लादने की कोशिश सिर्फ एक राजनीतिक कदम ही नहीं है। यह सांस्कृतिक दंभ और व्यवस्थागत भेदभाव को भी दर्शाता है। मूलत: उत्तर भारतीय लोगों के वोट से बनी एनडीए सरकार आखिर द्रविड़ों की संस्कृति चिंता क्यों करेगी? यहां हमें इस बात को भी याद रखना चाहिए कि राष्ट्रीय स्वयंसेवक संघ भाजपा का आधारस्तंभ है। संघ और अन्य हिंदुत्ववादी संगठन हिटलर के मेनकैंफ से प्रेरित हुए थे। उनकी स्थापना इसी अवधारणा के आधार पर हुई थी कि कुछ नस्लें (जैसे कि आर्य) अन्य नस्लों (रूसी, अफ्रीकी, द्रविड़) की तुलना में श्रेष्ठ

होती हैं। दूसरी नस्लों को वह मनुष्यों से नीचे का स्थान देते थे।

हम स्पष्ट रूप में देखते हैं कि हिटलर के शासन के दौरान वह किस प्रकार आर्यों की सर्वश्रेष्ठता के बारे में लोगों को बताकर गैर-आर्य नस्लों का सांस्कृतिक दमन करता था। हिटलर ने अपने शुरुआती दिनों में जर्मनी के अंदर बुनियादी ढांचे और टेक्नोलॉजी के विकास का कार्य किया था। लेकिन लोगों के ऊपर अपनी तानाशाही जकड़ मजबूत होते ही उसने नफरत से भरा क्रूर तानाशाही रवैया अपना लिया।

भारत में संघ की विचारधारा नस्ली श्रेष्ठता के हिटलरी सोच का जीता जागता नमूना है। शुरुआत में वे अपने आप को आर्यों के अधिकारों के लिए लड़ने वाला बताते थे लेकिन बहुत जल्द वे अपने धार्मिक एजेंडे पर वापस आ गए। भाजपा के नेतृत्व वाली इस सरकार द्वारा हिंदी थोपने का प्रस्ताव सांस्कृतिक उत्पीड़न और मौलिक अधिकारों के हनन का सबूत है। प्रधानमंत्री ने कहा था कि वह राज्यों के संघीय अधिकारों को मजबूत बनाने का प्रयत्न करेंगे। इसके बाद इस तरह का प्रस्ताव लाना सिद्ध करता है कि उनकी कथनी और करनी में बहुत बड़ा फासला है। इस प्रस्ताव का एक और भी मकसद है। यह सूचना के स्रोतों पर नियंत्रण की रणनीति का भी हिस्सा है ताकि सरकार लोगों पर आसानी से नज़र रख सके।

जिस देश में एक संस्कृति दूसरे पर हावी रहती है या समाज का एक समुदाय दूसरे के साथ भेदभाव करता है उसे सभ्य कहना कतई सही नहीं है। असमानता की इन अवधारणाओं को जब चुनी हुई सरकार की ओर से शह मिलती है तो हमारे लोकतांत्रिक ढांचे और निजता के अस्तित्व पर सवाल खड़ा करना लाजिमी होता है। ज़ाहिर है इस व्यवस्था को या तो बदलना होगा या समाप्त होना होगा। इतिहास इस बात का गवाह रहा है कि ताकतवर सरकारें अचानक पैदा हुए जनता के प्रतिरोध के सामने खत्म हो जाती हैं। सरकार या कोई व्यक्ति चाहे कितना भी बड़ा या ताकतवर क्यों न हो, जनता की मुट्ठी जब बंध जाती है तो फिर उन्हें झुकना ही पड़ता है।

viii) स्वच्छ भारत

30 सितंबर 2014

लोग झाड़ू लेकर सड़क पर घूम घूम कर तस्वीरें खिंचवा रहे हैं। लगता है जैसे वे पर्यावरण के लिए लड़ने वाले अथक सिपाही हों। लेकिन इस से स्वच्छ भारत सच्चाई में नहीं बदल जाएगी। इन्हें देखकर ऐसा लगता है जैसे कि देश को साफ करना एक व्यावसायिक योजना हो! ऐसी कोशिशें जल्द ही समाप्त हो जाती हैं। इसमें दूर-दर्शिता का अभाव है भले ही इसे सरकारें चलाएं या गैर-सरकारी

संस्थाएं। मुझे लगता है कि ऐसे कार्यक्रम लोगों की असली क्षमता को सीमित करने की कोशिश है ताकि छोटे-मोटे परिणाम हासिल किए जा सकें। यह ऊर्जा और मानवीय संसाधन बड़ी सामाजिक समस्याओं के समाधान में लगाई जा सकती थी। मैं सोचता हूं कि क्या हमारी सरकार या जोश में आए लोग जनता के बीच जेंडर, सामाजिक असमानता, आर्थिक नीतियों या स्वास्थ्य सेवाओं के बारे में संवेदनशीलता पैदा करने में ऐसा उत्साह दिखाएंगे? खैर, मैं नहीं मानता कि गली-कूचों से प्लास्टिक के थैलों को हटाने से देश में सफाई आ जाएगी। मैं इस कार्यक्रम में शामिल नहीं होऊंगा।

ix) सौर ऊर्जा

24 जून 2014

कल्पना कीजिए कि खिली हुई धूप वाले 300 दिनों में हम कितनी ऊर्जा पैदा कर सकते हैं! जर्मनी में साल भर में 64 दिन धूप होती है। लेकिन हमारी 'महान' सरकार लोगों पर नियंत्रण नहीं खोना चाहती है। लकीर की फकीर [सरकार]।

x) कालाधन

13 मार्च 2015

[अरुण जेटली के दावे पर कि स्विस बैंकों में कालाधन रखने वालों की कोई सूची नहीं है- संपादक]

साला किसने बोला कि भाजपा आने के बाद एक महीने में पूरा काला धन वापस आएगा और हम दुनिया में सबसे अमीर हो जाएंगे.....उल्लू बनाया था न सारे देश को ....तेरी तो....

xi] डीएनए फिंगरप्रिंटिंग बिल

13 अगस्त 2015

1933 में नाज़ी पार्टी ने भी ऐसा ही एक बिल पास किया था। बाद में इसे हिटलर के नस्ली-पवित्रता कार्यक्रम का नाम दिया गया। अब भाजपा भी संतति-सुधार कार्यक्रम पर अपना हाथ आज़माना चाहती है। सवाल है कि क्या हम हिंदुस्तानी इसे समझने को तैयार हैं?

‘(लोगों का) खयाल रखने वालों की उपस्थिति में कोई भी सुरक्षित नहीं था’

माइकल बरले, जर्मनी के संतति सुधार कार्यक्रम के बारे में

l) सुरक्षा क्षेत्र

5 जुलाई 2015

भारत महान देश नहीं है। इसलिए अपने पौराणिक मिथकीय इतिहास के बारे में गौरवान्वित अनुभव करने से बचो। हमें अपनी आंखें खोलकर गरीबी दूर करने के लिए आवश्यक राजनीतिक और सामाजिक नीतियों को अपनाना होगा।

26 दिसंबर 2015

रक्षा क्षेत्र में रिलाएंस को एक अरब डॉलर का सौदा मिला है। मोदी अफगानिस्तान बाज़ार की तलाश में गए। उन्होंने समझ लिया कि पाकिस्तान में हथियारों का अच्छा बाज़ार है क्योंकि अफगानिस्तान के साथ इसकी सीमा मिलती है। अपने ही निष्कर्ष से उन्हें इतना आश्चर्य हुआ कि वह इस मुद्दे पर [पाकिस्तान के प्रधानमंत्री नवाज़] शरीफ से बात करने के लिए लाहौर चले गए। आईएसआईएस ने पाकिस्तान अफगानिस्तान सीमा पर अपनी उपस्थिति दर्ज करवा दी है। इसलिए आश्चर्य नहीं होना चाहिए अगर भारत पाकिस्तान को फौजी सहायता देने का वादा करे। ध्यान रहे कि भारत [रक्षा सौदों के मामले में- संपादक] अमरीका के मॉडल का अनुसरण कर रहा है। फर्क सिर्फ इतना है कि भारत में रिलाएंस है तो अमरीका में रॉकफेलर।

10

भारतीय वामपंथ या केंद्र से वाम

वेमुला ने 2014 में लिखा था, 'सामाजिक मुद्दों से आंख मूंदने के लिए वामपंथ एक दिन पछताएगा। और उस दिन एक अलग तरह का साम्यवाद देश के सामने उपस्थित होगा।' इस युवक ने अपनी क्रांतिकारिता की शुरुआत स्टूडेंट्स फेडरेशन ऑफ इंडिया से की थी लेकिन आगे चलकर उसने वामपंथ की एकदम विपरीत विचारधारा को अपना लिया। वेमुला अपने लेखन में साफ तौर पर बताता है कि उसका वामपंथ से भरोसा क्यों हट गया। उसे लगता था कि वामपंथ ने क्रांतिकारी रास्ता छोड़ दिया है और वह चुनावी राजनीति की शिकार हो गई है। उसे यह भी लगता था कि वामपंथ बाज़ारवाद तथा पूंजीवाद के बारे में पाखंड और ढोंग भरा दृष्टिकोण रखता है।

वेमुला का तर्क था कि वामपंथ ने दशकों से दलित चेतना से किनारा कर लिया था। इसने बहुत पहले ही जनता से अपना नाता तोड़ लिया था और सामाजिक परिवर्तन के आंदोलनों में इसकी कोई पूछ नहीं रह गई थी। वह मानने लगा था कि वामपंथ भी हिंदू राष्ट्रवादी सोच का ही दूसरा पहलू बन चुका था। वह सीपीएम के सवर्ण नेताओं पर सवाल उठाता था कि वे दलित कम्युनिस्टों की अनदेखी करते थे।

वेमुला को इस बात पर बहुत नाराज़गी थी कि आंबेडकर

द्वारा बार-बार सवाल उठाए जाने के बावजूद वामपंथ जाति को एक महत्वपूर्ण सामाजिक सवाल मानने को तैयार नहीं था। इस मामले में वामपंथ, जिसे वह हैदराबाद विश्वविद्यालय में प्रगतिशील कहता था, के लचर रवैए की छाप उनके कमज़ोर तर्कों में साफ दिखाई देती थी। निजी क्षेत्र में आरक्षण की वामपंथियों की मांग का वेमुला मज़ाक उड़ाता था। उसका कहना था कि संविधान में निर्धारित आरक्षण के सिद्धांत को सीपीएम ने अपनी सर्वोच्च संस्था पोलित ब्यूरो के सदस्यों के चुनाव में लागू नहीं किया था और इसीलिए उन्हें निजी क्षेत्र में आरक्षण की मांग उठाने का नैतिक अधिकार भी नहीं था।

वेमुला वामपंथ की आलोचना करता था लेकिन वह कम्युनिज्म, समाजवाद या माओवाद को खारिज नहीं करता था। वह आंबेडकर को समाजवादी विचारधारा को मानता था और द कम्युनिस्ट मैनिफेस्टो को एक सशक्त, प्रासंगिक रचना के रूप में स्वीकार करता था। 2015 में उसने 'नीले आसमान में लाल सूरज के उगने' की बात लिखी थी जो इन दोनों विचारधाराओं के मिलन को दर्शाता था।

कुछ लोग वेमुला को दलित मार्क्सवादी कहते थे लेकिन वह अपने लेखन में आंबेडकरी बना रहा जिसका मार्क्सवाद और समाजवाद के कुछ सिद्धांतों पर भरोसा था।

i) वामपंथ, जातिव्यवस्था और दलित: एक त्रिकोणीय कथा

8 जुलाई 2014

सिंगरवेलु रामचंद्र बाबाजी, अन्नाभाऊ साठे, कालेकुरी प्रसाद और गदर जैसे कुछ प्रतिष्ठित कम्युनिस्टों ने सच्चे अर्थ में ईमानदारी से जाति व्यवस्था पर सवाल उठाया और इसकी अनदेखी नहीं करते हुए भी यह कहना कोई अतिशयोक्ति नहीं है कि संगठन के स्तर पर भारतीय वामपंथ ने दलित चेतना से हमेशा अपनी आंखें मूंद रखी हैं।

यह बात अपने आप ही बहुत कुछ कहती है कि खुद को 'दलित कम्युनिस्ट' कहने वालों को वामपंथी नेतृत्व में ऊपर आने का मौका नहीं दिया जाता था। उन्हें या तो नज़रअंदाज़ कर दिया जाता था, या उन्हें निलंबित कर दिया जाता था। कई बार तो ऐसे व्यक्तियों को बदनाम भी किया जाता था। शुरू से ही कम्युनिस्ट पार्टियां दलित सोच को सुधारवादी या क्रांतिविरोधी मानती थीं। आंबेडकर जैसा आदमी भी उन्हें इस बात के लिए सहमत (प्रभावित) नहीं करवा सका। भारत के बौद्धिक वर्ग ने आंबेडकर को ब्रिटिश समर्थक, अलगाववादी तथा अवसरवादी करार दिया।

लेकिन आज हम जानते हैं कि आंबेडकर और वामपंथी बुद्धिजीवी वर्तमान समाज में दो ध्रुवों पर खड़े हैं।

सचाई यह है कि पूरी की पूरी मार्क्सवादी राजनीतिक विचारधारा यूरोपीय अर्थशास्त्र, जर्मनी के दर्शनशास्त्र और फ्रांस में प्रयुक्त और असफल (दबा दिए गए) कम्यून की अवधारणा पर आधारित है। मार्क्स ने इन तीनों को वैज्ञानिक तर्क तथा ऐतिहासिक तथ्यात्मकता के आधार पर जोड़ कर प्रस्तुत किया। यही मार्क्स के लेखन का एकमात्र नया पहलू था। (अगर मैं मार्क्स की किसी अन्य महत्वपूर्ण रचना का उल्लेख नहीं कर पाया तो इसके लिए मार्क्सवादी मुझे क्षमा करेंगे)। भारत का सारा इतिहास जाति पर आधारित है। लेकिन भारतीय कम्युनिस्टों के पास इस बात का कोई जवाब नहीं कि उन्होंने जाति के सवाल पर क्यों विचार नहीं किया। अच्छे आर्थिक माहौल के दौरान भी (यानी वस्तुओं के विनिमय के बेहतर दौर में भी) जाति में इतनी ताकत थी कि यह सामाजिक संबंधों को प्रभावित करता रहा था। अगर भारतीय समाज एक विशाल भवन है तो जाति इसकी बुनियाद है। बुनियाद में परिवर्तन लाए बगैर देश का पुनर्निर्माण स्थायी नहीं हो सकता है। भारत के संगठित वामपंथ के साथ सबसे बड़ी समस्या उसका बौद्धिक वर्ग रहा है। यह वर्ग कभी भूखा नहीं रहा लेकिन इसने भूख का अध्ययन किया। यह कभी शोषित नहीं रहा लेकिन इसने शोषण के इतिहास का अध्ययन किया और अपनी गद्देदार कुर्सियों से बिना हिले-डुले सामाजिक परिवर्तन की उम्मीद

लगाई। उन्होंने जाति व्यवस्था से लड़ने का एक नायाब तरीका ईजाद किया- जाति के बारे में बात नहीं करो। न हम इसके बारे में बात करेंगे, न इसे बढ़ावा मिलेगा।

इसका परिणाम हुआ कि लोग पीठ पीछे जाति के बारे में चर्चा करते थे। इसके कारण दलित कम्युनिस्टों को बेचैनी होती थी। दुनिया में कार्यकर्ताओं, अभिभावकों, किसानों तथा छात्रों सबसे बड़ा संगठन होने के बावजूद कम्युनिस्ट पार्टियां जाति व्यवस्था के बारे में अपने कैडर को शिक्षित नहीं कर सकीं। इन संगठनों ने जानबूझ कर अपने कैडरों को ज़मीनी सचाई से हटकर नव-उदारवादी नीतियों, अंतर्राष्ट्रीय राजनीति और यूटोपिया के सपने देखने को प्रेरित किया।

अपने एक लेख में बड़े ही सुचिंतित तरीके से आंबेडकर ने लिखा कि अगर लेनिन का जन्म भारत में हुआ होता तो उन्होंने जाति की समस्या पर अवश्य विचार किया होता।

भारतीय कम्युनिस्टों को एक दिन अवश्य पछतावा होगा कि उन्होंने सामाजिक सवालों की अनदेखी की। उसी दिन हमारे देश में एक अलग तरीके की कम्युनिस्ट विचारधारा का उदय होगा। तब तक वामपंथ, जो समाज के गरीब तबकों की ज़िंदगी को बेहतर बनाने में योगदान नहीं करता, उस फैक्टरी की तरह काम करता रहेगा जिसमें उन्हीं गरीबों का इस्तेमाल ईंधन के रूप में किया जाता

है जिसके प्रतिनिधि होने का वे दावा करते हैं।

आखिर में मैं मार्क्स को उद्धृत करना चाहूंगा, 'हमें अपनी आलोचनाओं में राजनीति की आलोचना शामिल करने से कोई नहीं रोकता, राजनीति में किसी का पक्ष लेने से कोई नहीं रोकता, यानी असली संघर्षों में शामिल होने से अथवा उनके साथ अपने को जोड़ने से हमें कोई नहीं रोकता। इसका मतलब यह नहीं कि हम दुनिया का सामना किसी कठमुल्लेपन के आधार पर करेंगे और घोषणा करेंगे कि हमने सत्य को पा लिया। इसका मतलब यह है कि हम दुनिया के लिए वर्तमान में मौजूद सिद्धांतों के आधार पर नए सिद्धांतों का निर्माण करेंगे। हम यह नहीं कहेंगे – अपने संघर्षों को बंद करो, वे तो बेवकूफियां हैं; हमें अपने अभियान के सच्चे नारों को लिखने दो। हम दुनिया को दिखाते हैं कि यह संघर्ष क्यों कर रही है और इस बात की चेतना दुनिया को अपने अंदर लानी ही होगी, भले ही वह ऐसा चाहे या न चाहे।' [रूज को चिट्ठी, 1843]

अगर भारतीय कम्युनिस्ट प्रगतिशील तबके के साथ राजनीतिक, सामाजिक और नैतिक रूप से खड़े रहना चाहते हैं तो उन्हें दलित चिंतन अपनाना ही पड़ेगा।

ii) भारतीय कम्युनिस्ट पार्टी (मार्क्सवादी) और निजी क्षेत्र में आरक्षण

25 जून 2015

[निजी क्षेत्र में आरक्षण पर भाकपा (मार्क्सवादी) के बयान पर — संपादक] किताब पढ़ने के बाद ये मेरे निजी विचार हैं (और हम जानते हैं कि निजी ही राजनीतिक भी होता है)।

1. तो उदारीकरण, औद्योगीकरण तथा सार्वजनिक क्षेत्र के क्रमशः निजीकरण किए जाने के 25 साल बाद सीपीएम को यह समझ में आया है कि दलितों और ओबीसी को इसमें आरक्षण की ज़रूरत है। कहीं उन्हें यह तो नहीं लगने लगा कि वे निजीकरण को रोक नहीं सकते। क्या इसके पीछे पिछड़े तबकों के प्रति सच्ची चिंता का भाव है? किताब में प्रयुक्त भाषा पहली बात की तरफ इशारा करती है। मुझे इस बात का अंदेशा नहीं होता अगर किताब में दलितों के बारे मे यह नहीं कहा जाता कि ‘దేశంలోదళితులుఅంటే ‘కడ్డరపేదరయలే’ అన్నచందంగావుంది’ (ऐसा लगता है कि इस देश में दलित भयंकर गरीबी में जीते हैं।)

प्यारे कामरेडो, इतनी सहानुभूति भी अपमानजनक होती है।

2. दलितों को नौकरी दिलवाने के अन्य तरीके भी हो सकते हैं। उदाहरण के लिए, सार्वजनिक क्षेत्र में काम करने वाले अधिकांश

ठेके के मज़दूर दलित या ओबीसी हैं। कृपया उन्हें नियमित करने के लिए सरकार पर दबाव डालिए। सीपीएम इन समुदायों के लोगों को निजी क्षेत्र में धकेलने के लिए इतनी बेसब्र क्यों है जबकि निजी क्षेत्र में न नौकरी की सुरक्षा है, न ही मज़दूरों को किसी प्रकार का अधिकार ही प्राप्त है। क्या यह उनकी आर्थिक स्थिति के सुधार के ख़िलाफ़ एक प्रकार का षड्यंत्र नहीं?

3. कांग्रेस अगर सरकार के घोटालों के बारे में विरोध प्रदर्शन करती है तो यह बड़ा ही हास्यास्पद होगा। सीपीएम, जो हमेशा जाति के अस्तित्व को नकारती रही है, जब आरक्षण की बात करती है तो यह भी उतना ही हास्यास्पद होगा।

4. वक्तव्य में एक शीर्षक है, 'संविधान, आरक्षण, सामाजिक न्याय'। वहां पर सीपीएम दावा करती है कि गांधी, आंबेडकर, विवेकानंद तथा कम्युनिस्टों का लेखन सामाजिक न्याय के संघर्ष में उद्धरण का काम करते हैं। यहां तो सीपीएम ने बेवकूफी का अपना ही रेकॉर्ड तोड़ डाला है। इससे यह साफ पता चलता है कि उनका वैचारिक आधार किस निचले स्तर पर आ चुका है।

जिस पार्टी ने अपने पोलित ब्यूरो में पिछले 51 वर्षों के दौरान किसी दलित को स्थान नहीं दिया है उसे निजी क्षेत्र में आरक्षण की मांग करने का कोई नैतिक अधिकार नहीं है। जो पार्टी अपना प्रांतीय

अधिवेशन निजी कंपनियों से चंदा मांगकर आयोजित करती है उसे रोज़गार के आधार पर सामाजिक न्याय की मांग करने का कोई नैतिक अधिकार नहीं है। अगर कम्युनिस्ट सही मायनों में दलितों की मदद करना चाहते हैं तो उन्हें सबसे पहले अपने अहंकार को छोड़ना होगा। इसी अहंकार का परिणाम है कि वे जनता से संपर्क किए बिना उनके लिए नीतियां और एजेंडा तय कर लेते हैं।

24 जून 2015

मैं चाहता हूं कि सीपीएम दलितों को अपने पोलित ब्यूरो में शामिल करे। उन्हें कम से कम इतना तो करना चाहिए कि हैदराबाद विश्वविद्यालय जैसी जगहों के छात्रसंघ चुनावों में ऐसे कॉमरेडों को आगे नहीं बढ़ाना चाहिए जो आरक्षण के विरोधी हैं।

निजी क्षेत्र में आरक्षण के लिए सीपीएम के संघर्ष (?) को देखकर लगता है जैसे उनकी राजनीति वेंटिलेटर पर हो।

iii) भारत का वामपंथ और क्रांतिकारी रास्ते से हटने की प्रक्रिया

27 जून 2014

भारत की कम्युनिस्ट पार्टियां कुल मिलाकर सोशल-डेमोक्रेटिक

पार्टियां बन चुकी हैं। उन्होंने पूंजीवादी व्यवस्था से समझौता कर लिया है। इसमें कोई संदेह नहीं कि दूसरे राजनीतिक दलों की तुलना में वे अधिक प्रगतिशील हैं (भले ही कभी कभी वह चुनिंदा तौर पर प्रगतिशीलता का परिचय देती हैं, लेकिन कोई बात नहीं)। कृषि तथा उद्योग के क्षेत्र में किसानों तथा मज़दूरों के हित में उठाए गए कई कदमों को लाने में उनका ज़रूर योगदान रहा है लेकिन कुल मिलाकर अब उनकी क्रांतिकारिता समाप्त हो चुकी है। इसका कारण यह है कि वे देश के कुछ राज्यों में अपना शासन बनाए रखने में ज़्यादा रुचि रखते हैं जैसे कि पश्चिम बंगाल तथा केरल। इसके लिए पार्टी ने खुद कई मौकों पर अनेक कारण गिनाए हैं। 'कारण हमेशा मौजूद रहे हैं लेकिन तार्किक तौर पर नहीं' – कार्ल मार्क्स। भारत की वामपंथी पार्टियों की एक और कमज़ोरी है। वे पाखंडी हैं। (माफ कीजिएगा मुझे इससे कम अप्रिय शब्द नहीं मिल पा रहा)। उदाहरण के लिए सीपीएम पश्चिम बंगाल में उदारीकरण का समर्थन करती है और केंद्र की उदारवादी आर्थिक नीतियों का विरोध। तेलंगाना राज्य के निर्माण के मुद्दे पर इसका रुख भी यही दिखाता है। सीपीएम ने अलग तेलंगाना राज्य बनाने के फैसले का विरोध किया था। इसका कारण यह था कि वे पश्चिम बंगाल में गोरखा संघर्ष को अपने गढ़ पश्चिम बंगाल में मजबूत नहीं करना चाहते थे। सीपीएम

का यह फैसला 1975 में आपातकाल के दौरान सीपीआई द्वारा इंदिरा गांधी के समर्थन के फैसले जैसी ही गलती है।

प्रभुत्ववादी, ऊंच-नीच की भावना से विकृत समाज में जहां लोकतंत्र पाखंड, एक लुभावने सपने, आकर्षक ज़हर के अलावा कुछ नहीं, सोशल-डेमोक्रेट होना प्रति-क्रांतिकारी होने के बराबर है।

iv) प्रगतिशील वामपंथ का धर्मनिरपेक्ष ठहराव

28 जून 2015

सैद्धांतिक तौर पर धर्म-निरपेक्षता एक महान अवधारणा है। राज्य को धर्म से अलग रखना उचित है। धर्मनिरपेक्षता की अवधारणा ईसाई धर्म के अंदर पश्चिम में 15वी-16वीं सदी में आई थी। भारत में यह विचार 20वीं सदी के पूर्वार्ध में पहुंचा। मार्क्सवाद जब भारत में आयातित हुआ तो दुर्भाग्यवश इसमें एक तरह का कच्चापन था। लेकिन धर्मनिरपेक्षता के साथ ऐसी बात नहीं थी। दरअसल इसे ज़रूरत से ज़्यादा संशोधित कर दिया गया जिससे यह अर्थहीन हो गया। भारत में हिंदू धर्म प्रभुत्वशाली रहा हैं और इसने धार्मिक अल्पसंख्यकों को हमेशा प्रताड़ित किया है। ऐसे देश में धर्मनिरपेक्षता के विचार का इस्तेमाल प्रताड़ित जनता का साथ नहीं देने के लिए किया जाता रहा है। कम्युनिस्ट पार्टियां इस शब्द का प्रयोग

हिंदुत्ववादी ताकतों के ख़िलाफ़ संघर्ष से बचने के लिए करती हैं। इसके पीछे छुपकर उन्हें एक प्रकार के राहत का अनुभव होता है।

इन स्वनामधन्य धर्मनिरपेक्षतावादियों की सबसे बड़ी समस्या है अपने दुश्मन यानी सांप्रदायिकता को परिभाषित नहीं कर पाना। प्रगतिशील वामपंथ वर्ग के आधार पर नहीं लड़ी जा रही हर लड़ाई को सांप्रदायिक घोषित कर देता है। इसके बाद वे धर्मनिरपेक्षता के विचार पर अड़ जाते हैं। ऐसा समझना गलता होगा कि वे इसके बारे में बड़े गंभीर हैं। वे किसी भी जाति आधारित राजनीति को सांप्रदायिक कह सकते हैं। लाल रंग के उनके प्रगतिवादी चश्मे के पीछे शोषण और प्रतिरोध दोनों एक जैसे दिखाई देते हैं। मनमाने ढंग से परिभाषित धर्मनिरपेक्षता का सहारा लेकर कम्युनिस्ट हिंदुत्व का विरोध नहीं कर पाने की मजबूरी को जायज़ ठहराने की कोशिश करते हैं। इसके साथ ही वे अपने कैडरों में अल्पसंख्यक समुदायों के ख़िलाफ़ एक प्रकार का भय भी पैदा करते हैं। हिंदू संगठन अल्पसंख्यकों को आतंकवादी कहते हैं जबकि वामपंथी उनपर भरोसा नहीं करने के कारण उनका साथ नहीं देते। इसके अलावा कम्युनिस्ट पार्टियों द्वारा धर्मनिरपेक्षता की जिस अवधारणा और आचरण का प्रयोग किया जाता है वह पूरी तरह से हिंदू है।

संक्षेप में कहें तो धर्मनिरपेक्षता का अर्थ केवल राज्य और धर्म को

एक दूसरे से अलग रखना ही नहीं है। यह एक ऐसी यूटोपियन सामाजिक संरचना को दर्शाता है जिसमें नागरिकों को राज्य और समाज दोनों से अलग हटकर बिना किसी प्रताड़ना के धार्मिक आज़ादी प्राप्त रहती है। हम जानते हैं कि कम्युनिस्ट पार्टियों ने बहुत पहले से ही भगवान को अस्वीकार कर दिया था। लेकिन ध्यान देने की बात है कि कम्युनिस्टों ने अपने अलग भगवान गढ़ लिए जिनके अजीब अजीब से नाम होते हैं जैसे- व्लादिमीर इलिच उल्यानोव [लेनिन – संपादक], [माओ – संपादक] जे डोंग, स्टालिन और कार्ल हेनरिक मार्क्स वगैरह। अगर कोई भी व्यक्ति उनके भगवानों की दैवी शक्तियों पर सवाल उठाता है यानी प्रगतिशीलतावाद पर सवाल उठाता है तो वे बड़े नाराज़ हो जाते हैं।

कम्युनिस्टों की धर्मनिरपेक्षता की छिछली समझ की एक और बड़ी कमज़ोरी यह है कि यह केवल राजनीति में धर्म के हस्तक्षेप की बात करता है। जब राजनीतिक क्षेत्र के बाहर धर्म के आधार पर बलपूर्वक सांस्कृतिक एकीकरण की बात आती है तो यह विरोध करने की स्थिति में नहीं रहता। राष्ट्रीय स्वयंसेवक संघ को अगर बिल्ली मानें और सीपीएम को चूहा तो [सांप्रदायिक – संपादक] प्रताड़नाओं के दौरान सीपीएम केवल इतने से ही संतुष्ट हो जाता है कि इसके पास छुपने के लिए धर्मनिरपेक्षता का बिल उपलब्ध है।

मिस्र की एक कहावत है - आप या तो खिलाड़ी होते हैं या निहायत बेवकूफ। प्रगतिशीलतावादियों को जल्द फैसला करना होगा वरना देर हो चुकी होगी।

20 नवंबर 2014

[सीपीएम पोलित ब्यूरो सदस्य प्रकाश करात के इस बयान पर कि राष्ट्रीय स्वयंसेवक संघ की तरह मज़दूर संगठनों को भी हर क्षेत्र में प्रवेश करना चाहिए - संपादक]

कॉमरेडों, अपने नेता की बात सुनो और राष्ट्रीय स्वयंसेवक संघ से सीखो।

1 दिसंबर 2014

सीपीएम ने इन खबरों के बारे में स्पष्टीकरण जारी किया है कि त्रिपुरा के मुख्यमंत्री मानिक सरकार ने सुशासन के बारे में भाषण देने के लिए मोदी को आमंत्रित किया है। कुछ कॉमरेड इस खबर को ऑनलाइन लाइक कर रहे हैं और फॉरवर्ड कर रहे हैं। लेकिन अफसोस कि मानिक सरकार ऐसा नहीं सोचते। वह स्वच्छ भारत का समर्थन कर रहे हैं और अपने आमंत्रण को सही ठहरा रहे हैं। क्रांतिकारी सलाम!

23 जुलाई 2015

[याकूब मेमन को फांसी पर चढ़ाए जाने के बारे में - संपादक]

सीपीएम का आवेदन बिलकुल लचर है। इसमें कोई भी दम नहीं दिखाई देता। लगता है सीपीएम ने साफ-साफ याकूब मेमन से किनारा कर लिया है। इसमें राज्य के बहुसंख्यक सोच की हिमायत साफ-साफ दिखाई देती है। दो बातें खास कर देखने लायक हैं।

1. क्या भारत की कम्युनिस्ट पार्टियों को इस तरह के मामलों कोई निर्णायक भूमिका है? (कम्युनिस्ट पार्टियों की तुलना में तो Change.org राजसत्ता को चुनौती देने में अधिक सफल दिखाई देता है)।

2. अफज़ल गुरु को फांसी दिए जाने का समर्थन करने वाले सीताराम येचुरी के नेतृत्व में इन स्तनपाइयों के समूह से हम और क्या उम्मीद कर सकते हैं?

v) प्रगतिशीलतावादी या प्रगतिशील वामपंथ

18 मई 2015

[उत्तर प्रदेश में दलित महिला को नंगा कर घुमाने के मामले में - संपादक]

उन सभी ज्ञानी प्रगतिशील व्यक्तियों से जो कहते हैं कि जाति

व्यवस्था बस एक अफ़वाह है- कृपया इस घटना के पीछे काम कर रहे नज़रिए की आर्थिक व्याख्या करके दिखाएं।

23 जुलाई 2015

हमारे कैंपस के प्रगतिशील व्यक्तियों को कौन यह बताएगा कि चित्रलेखा [केरल की एक दलित ऑटो ड्राइवर जिसकी सीपीएम के कैडरों पिटाई की - संपादक] भी उतनी ही साहसी है और उस पर भी राज्य की ओर से उतना ही अत्याचार हुआ है जितना कि तीस्ता सीतलवाड पर।

दोहरे मानदंड!

11 नवंबर 2015

[पेमबुलाइ ओरुमाइ के उम्मीदवार को पीटे जाने के मुद्दे पर- संपादक]

एक तरफ तो कॉमरेड कैंपस में सहनशीलता का पाठ पढ़ाते हैं वहीं दूसरे कॉमरेड अन्य जगहों पर अलग ही उदाहरण पेश करते हैं। बेशक, सीपीएम भाजपा का विकल्प है! कुछ मामलों में तो यह भाजपा से भी 'आगे' है।

21 नवंबर 2015

[ऑक्युपाई यूज़ीसी के नारे और दलित छात्रवृत्ति के विषय में-संपादक]

प्यारे प्रगतिशीलो,

यूजीसी के ख़िलाफ़ गैर-नेट छात्रवृत्तियों के मामले में संघर्ष करने के पहले तुम हैदराबाद विश्वविद्यालय के दलित छात्रों के वजीफों को नियमित करने के लिए क्यों नहीं लड़ते? जैसी कि कहावत है यूरोप में ठंड पड़ती है तो फ्रांस को खांसी आती है। ठीक उसी तरह आपकी प्रगतिशील राजनीतिक सक्रियता भी दिखावे भर की कुछ गतिविधियों तक सीमित है जो जवाहरलाल नेहरू विश्वविद्यालय तथा गैर संगठित राजनीति से प्रेरित होती है। जेएनयू के डेमोक्रेटिक स्टूडेंट्स यूनियन तथा आइसा के परचों को बांटने से बेहतर होता कि आप दलित संगठनों के परचे बांटते। कम से कम आपको निचले तबकों के लोगों के साथ काम करने का अनुभव तो प्राप्त होता! तथाकथित प्रगतिशील। सनातन बुद्धिजीवी।

vi) वामपंथ के सिद्धांत

[*कम्युनिस्ट मेनिफेस्टो* के बारे में- संपादक]

21 मार्च 2014

बेहतरीन, तर्कपूर्ण लेखन। यह केवल एक मेनिफेस्टो ही नहीं बल्कि हमारे वक्त की राजनीतिक और सामाजिक प्रवृत्तियों के बारे में एक अच्छी रचना है। हमारी राजनीतिक समस्याओं के बारे में समाधानों का दस्तावेज़। इसे पढ़िए।

22 मार्च 2014

महानतम समाजवादी नेता और नास्तिकतावादी भगत सिंह का उनके शहादत दिवस पर स्मरण। आज के अंधेरे वक्त में जब कि एक आदमखोर देश का प्रतिनिधित्व करने का दावा कर रहा है, फासीवादी, सांप्रदायिक भावना को खारिज करना और लोगों की संप्रभुता के लिए लड़ना भगत सिंह की आत्मा के प्रति श्रद्धांजलि होगी। भगत सिंह तुम हमारे झंडों के लाल रंग और संघर्षों की आग में हमेशा जीवित रहोगे।

31 मार्च 2014

राजनीतिक शब्दावली में दूसरों की चिंता करना समाजवाद कहलाता

है। इस शब्द को और जो भी अर्थ दिया गया है वह सिर्फ बुर्जुआ संशोधनवाद का विकृत परिणाम है।

v) माओवाद और माओवादियों की धरपकड़ अतिवामपंथ, माओवाद और माओवादी

15 सितंबर 2013

संदिग्ध माओवादियों की हत्या की खबर आज फिर सुर्खियों में है.....! हालांकि मैं माओवाद का पक्का समर्थक नहीं हूं लेकिन मैं राज्य सरकारों द्वारा किए गए इस तरह के फर्जी मुठभेड़ों की निंदा करने से अपने को रोक नहीं सकता।

[दांतेवाड़ा में मुठभेड़ों में की गई हत्याओं के बारे में- संपादक]

कनपटी में बंदूक सटाकर शासन करने की तरकीब - तानाशाही और पूंजीवाद का घातक घालमेल।

11 अप्रैल 2015

[माओवादियों द्वारा घात लगाकर हमला करने से छत्तीसगढ़ में 7 पुलिसकर्मियों की मौत के संदर्भ में- संपादक]

माओवादियों द्वारा की गई हत्याओं की मैं निंदा करता हूं।

14 सितंबर 2014

मुझे इस बात से खुशी हो रही है कि ऑल इंडिया स्टूडेंट्स एसोसिएशन (भारतीय कम्युनिस्ट पार्टी- मार्क्सवादी-लेनिनवादी का छात्र संगठन) ने अखिल भारतीय विद्यार्थी परिषद की उद्दंडता का जवाब दिया है और जवाहरलाल नेहरू विश्वविद्यालय छात्र संघ की सभी चार सीटों पर कब्ज़ा कर लिया है।

11

लाल रंग से दूर, नीले आसमान की ओर

18 सितंबर 2014 को छात्रसंघ के चुनाव के पहले वेमुला ने लिखा :

'जबकि राइट (right) की पार्टियों में कुछ भी राइट (right) नहीं है और लेफ्ट (left) में कुछ भी बचा (left) नहीं है, मुझे लगता है कि अब हमें इन दोनों को चुनने से बचना चाहिए।

अब हमें बेहतर भविष्य के लिए नए रास्तों की तलाश करनी होगी।

कैंपस में होने वाले चुनावों में हमें एक वैकल्पिक शक्ति का चुनाव करना चाहिए, अपने अधिकारों को हासिल करने के लिए आंबेडकरवादी यूनियन को चुनना चाहिए।

अखिल भारतीय विद्यार्थी परिषद से संघर्ष करो। एसएफआई को नकारो। आंबेडकर स्टूडेंट्स एसोसिएशन को वोट दो।'

और उस साल आंबेडकर स्टूडेंट्स एसोसिएशन के नेतृत्व में युनाइटेड डेमोक्रेटिक एलाएंस ने छात्रसंघ के चुनावों में जीत हासिल की। रोहित वेमुला छात्रसंघ का उपाध्यक्ष चुना गया। शायद पहली बार आदिवासी-दलित-मुस्लिम गठबंधन ने छात्रसंघ पर कब्ज़ा किया।

हैदराबाद विश्वविद्यालय कैंपस में आंबेडकर स्टूडेंट्स एसोसिएशन को मज़बूत समर्थन प्राप्त था। वेमुला को लगता था

कि हैदराबाद विश्वविद्यालय को एक ऐसा स्थान बनाया जा सकता है जहां दलित तथा हाशिए पर रहने वाले अन्य छात्र समूह अपना प्रतिनिधित्व पा सकेंगे और अपने मुद्द उठा पाएंगे। उसे लगता था कि उन्हें किसी मसीहा की ज़रूरत नहीं थी। 2014 के चुनावों में मिली जीत से उसके सपनों को ठोस स्वरूप प्राप्त हुआ।

2013 में नौजवान वेमुला ने लिखा था 'क्रांति ज़िंदाबाद'। वही वेमुला आगे चलकर हैदराबाद विश्वविद्लाय के एसएफआई का ही नहीं बल्कि देश भर में वामपंथी दलों द्वारा समर्थित छात्र संगठनों का कटु आलोचक बन गया। अखिल भारतीय विद्यार्थी की तरह एसएफआई और इसके सहयोगी संगठन भी उभार पर चल रहे दलित लहर के लिए नुकसानदेह थे। वेमुला मानता था कि देश भर के विश्वविद्यालयों में दलित बहुजन छात्रों के लिए न तो दक्षिणपंथी संगठन विकल्प थे न ही वामपंथी संगठन। उसने लिखा किहाशिए पर रहने वाले लोगों को राजनीति में अपना प्रतिनिधित्व खुद करना चाहिए।

i) जाति तथा वामपंथी छात्र संगठन

24 नवंबर 2014

हैदराबाद विश्वविद्यालय में जाति के आधार पर संस्थागत भेदभाव

के एक साल हो चुके लेकिन तथाकथित क्रांतिकारी पार्टियों ने अपनी ज़ुबान नहीं खोली। इन संगठनों के द्वारा छात्रों का भरोसा तोड़ने और वाइस चांसलर का पक्ष लेकर उन्हें त्यागपत्र देने से बचाने के एक साल पूरे हुए। हाल में इन्होंने खूब ज़ोर देकर यह कहना शुरू किया कि उन्होंने अपने एक सदस्य को पार्टी से निकाल दिया क्योंकि उसी की वजह से पिछले साल राजू वेंकटेश सोलिडेरिटी कमिटी (यह कमिटी राजू और वेंकटेश, इन दो दलित छात्रों की हैदराबाद विश्वविद्यालय के अंदर आत्महत्या के मामले में विरोध प्रदर्शन के लिए बनी थी) के कार्यक्रमों में इन पार्टियों ने अनमने तरीके से हिस्सा लिया था। उन्होंने यह भी घोषणा की कि इस कदम के साथ ही एकबारगी उनके पिछले सारे पाप धुल गए। लेकिन इस मामले [कैंपस में दलित छात्रों की आत्महत्या - संपादक] में उनकी नींद अब भी नहीं टूटी है। इससे पता चलता है कि असली समस्या किसी व्यक्ति का संगठन में होना या नहीं होना नहीं है। समस्या की जड़ है व्यवस्था जिसकी बुनियाद पर ही उनकी भव्य क्रांति की इमारत खड़ी है।

सांप्रदायिकता के नाम पर तथाकथित स्टूडेंट्स फेडरेशन चुनिंदा तरीके से शोर मचाती है। अब इसकी पोल खोलने का वक्त आ गया है। मुझे उम्मीद है कि हैदराबाद विश्वविद्यालय के अंदर कोई दूसरा वामपंथी संगठन खड़ा होगा जो इनके खोखले हंगामे की

कलई खोलेगा और पाखंडी एसएफआई का छात्रों के सामने पर्दाफाश करेगा।

24 जून 2015

एसएफआई ने भगत सिंह स्टडी सर्किल की शुरुआत की है। अपने पहले कार्यक्रम में उन्होंने भगत सिंह के लेख 'मैं नास्तिक क्यों हूं' का पाठ किया। लेकिन जब उन्होंने आंबेडकर-पेरियार स्टडी सर्किल की शुरुआत की थी तो आंबेडकर या पेरियार के लेखन का व्यवस्थित पाठ नहीं किया गया था। इसकी क्या वजह है? क्या इसकी वजह यह तो नहीं कि आंबेडकर और पेरियार के लेखन में दलितों के सशक्तीकरण के मुद्दे पर कम्युनिस्ट आंदोलन के ढोंग की पोल खोली जाती है?

मैं आंबेडकर-पेरियार स्टडी सर्किल को चुनौती देता हूं कि वे आंबेडकर के लेख 'बुद्ध या मार्क्स' या जी. एलॉयसियस के लेख 'पेरियार ऑन इस्लाम' का पाठ आयोजित करके दिखाएं।

23 सितंबर 2015

स्टूडेंट्स फेडरेशन ऑफ इंडिया के कैडरों ने क्रांतिकारी कवि गुडा अनैया की पिटाई की। गुडा अनैया ने यी वूरु मनादिरा ओ रजिगा

तथा बद्रम कोदुको जैसी कविताएं लिखी हैं। उनकी पिटाई इसलिए की गई क्योंकि वह एसएफआई के किसी सम्मेलन में तेलंगाना को अलग राज्य का दर्जा दिए जाने के लिए परचे बांट रहा था।

एसएफआई ने कलकत्ता में अश्विनी मिश्रा की पिटाई की।

2013 में सुकून हैदराबाद विश्वविद्यालय एसएफआई ने एक दलित छात्र की पिटाई की। 2015 में एसएफआई की जेनरल बॉडी मीटिंग ने अखिल भारतीय विद्यार्थी परिषद का साथ दिया जिसमें आंबेडकर स्टूडेंट्स एसोसिएशन को गुंडा और लफंगा कहा गया। देश भर के अपने दूसरे सहयोगियों की तरह ही ये लोग दलित विरोधी और मुसलमान विरोधी हैं।

23 सितंबर 2015

छात्र संघ के चुनावों के दौरान ये लोग अचानक अपनी पहचान को सामने ले आते हैं जो चुनाव का एक हथकंडा होता है। एक कॉमरेड हैं जिन्हें महिला विमर्श यानी फेमिनिज़्म से कुछ लेना देना नहीं है। वह इल्जाम लगाती हैं कि छात्रों की चुनावों के दौरान आयोजित आमसभा और प्रश्नोत्तर काल के दौरान उसे उचित महत्व नहीं दिया गया। एक दूसरे कॉमरेड हैं जो जाति-विरोधी आंदोलनों को पहचान की राजनीति कहकर उसे पूरी तरह से खारिज करते हैं। अचानक

वह दावा करते हैं कि वे दलित हैं और दलित संगठन उन्हें आगे आने का मौका नहीं दे रहे। एक और भी कॉमरेड हैं जो हिंदुत्ववादियों के प्रतिरोध को धार्मिक कट्टरतावाद मानते हैं। चुनाव आते ही वह अपनी पार्टी के सभी मुसलमानों के रहनुमा बन जाते हैं।

जब वे लोग जाति आधारित, जेंडर आधारित, पहचान आधारित राजनीति करते हैं तो यह प्रगतिशील राजनीति होती है लेकिन जब प्रताड़ित जनता इन मुद्दों पर संगठित होती है तो उसे पहचान पर आधारित राजनीति कहा जाता है। शायद मैं उन्हें कभी न समझ पाऊं।

29 सितंबर 2015

आज वे [एसएफआई – संपादक] स्टूडेंट्स इस्लामिक ऑर्गेनाइज़ेशन को अखिल भारतीय विद्यार्थी परिषद के बराबर मानते हैं। कल जब बाकी आवाज़ें कमज़ोर पड़ जाएंगी तो वे आंबेडकर स्टूडेंट्स एसोसिएशन को भी एबीवीपी का दूसरा पहलू घोषित कर देंगे। उन्हें समझिए। वे पिछलग्गुओं को पसंद करते हैं। वे गुलामों को चाहते हैं। जब हम विरोध करते हैं तो वे हमें दक्षिणपंथी कहते हैं। इस तरह की दलाल शक्तियों से सावधान जो अपने को भारत का वामपंथ कहते हैं।

18 अक्टूबर 2015

जेएनयू के वामपंथी छात्र संगठनों ने एक क्रांतिकारी विचार की घोषणा की है। उन्होंने फैसला किया है कि वे यूजीसी द्वारा कैंपस के अंदर सुरक्षा के लिए लाए गए दिशा-निर्देशों की प्रति को जलाएंगे। मैं इसके लिए उनकी तारीफ करता हूं। लेकिन मनुस्मृति दहन के बारे में वे क्या सोचते हैं? 25 दिसंबर को सोशल-डेमोक्रेट से लेकर क्रांतिकारी किसी भी वामपंथी छात्र संगठन ने मनुस्मृति जलाने का आह्वान नहीं किया। मैं यह नहीं कह रहा कि वे इसके ख़िलाफ़ हैं। मुझे मालूम है कि इस तरह के आयोजनों के दौरान इन संगठनों के कई लोग व्यक्तिगत तौर पर इसमें शामिल होते हैं। मैं उन्हें एक सलाह देना चाहता हूं। केवल यूजीसी के दिशानिर्देशों को जलाने से काम नहीं चलेगा, इसके बाप को भी जलाना होगा। मनुस्मृति जलाओ।

27 नवंबर 2015

प्यारे वामपंथ, जब तक तुम्हारी पूछ थी, तुमने हमें प्रतिनिधित्व का मौका नहीं दिया। अब हम यहां तक पहुंच गए हैं और इसका रंग नीला है। इसका रंग ठीक वैसे ही चमकदार नीला है जैसा कि एक नौजवान आंबेडकरी के आंखों का रंग। यह नीला एक दिन तुम्हारे लाल रंग को खत्म कर देगा हालांकि ये दोनों रंग आश्चर्यजनक रूप

से एक दूसरे के पूरक हैं।

ii) वाम और दक्षिणपंथ की जुगलबंदी

6 सितंबर 2014

हमारे कैंपस में कुछ कॉमरेड ओनम के नाम पर मस्ती में हैं और फेसबुक पर अपनी बेवकूफी का इज़हार भी कर रहे हैं। कुछ लोग पौराणिक पात्र वामन को एक शांतिप्रिय देवता घोषित कर रहे हैं। कृपा करके मुझे बताइए कि इस ब्राह्मणवादी उत्सव के विचार को कोई क्यों स्वीकार करे? जो लोग अपने को तर्कवादी मानते हैं आखिर वे इस तरह की बात में क्यों यकीन करते हैं? (एक सबाल्टर्न विचार के मुताबिक तो यह त्योहार न्यायप्रिय असुर सम्राट (द्रविड़ दलित) महाबली के आर्य सवर्ण राजा विष्णु के हाथों मारे जाने का उत्सव है।)

21 सितंबर 2014

अफसोस, एसएफआई की ओर से सचिव पद का उम्मीदवार हैदराबाद विश्वविद्यालय में भारतीय जनता युवा मोर्चा का कैंपस अंबैसडर है???

अब बोलो कॉमरेड भाई लोग, कैसे मोदी-मुक्त करोगे कैंपस को? भारतीय जनता युवा मोर्चा कैडर को छात्रसंघ में चुनकर?

21 सितंबर 2014

सांप्रदायिक एबीवीपी का प्रतिरोध करो...लचर एसएफआई को खारिज करो।

22 सितंबर 2014

हैदराबाद विश्वविद्यालय की एसएफआई का तर्क:

सांप्रदायिक फासीवाद को हराओ यानी हमारे संघी उम्मीदवार को जिताओ!

शिक्षा में नव-उदारवादी नीतियों से संघर्ष करो यानी आरक्षण विरोधी हमारे प्रतिनिधि को वोट दो।

कोई तो बताए आखिर एसएफआई करना क्या चाहती है ???

23 सितंबर 2014

मेरे कमरे में कम्युनिस्ट मैनिफेस्टो की पेंगुइन क्लासिक्स वाली किताब पड़ी है जिसे मैं फिर से पढ़ रहा हूं। इसके अंदर एक खंड है समाजवादी और साम्यवादी साहित्य। इस अध्याय में मार्क्स और एंगेल्स विस्तारपूर्वक प्रतिक्रियावादी समाजवाद, रूढ़िवादी समाजवाद और यूटोपियन समाजवाद की चर्चा करते हैं। इसमें से अधिकांश वाक्य हमारे हैदराबाद विश्वविद्यालय में स्टूडेंट्स

फेडरेशन ऑफ इंडिया की राजनीति पर सटीक बैठते हैं।

22 अक्टूबर 2015

हैदराबाद विश्वविद्यालय के मेरे प्यारे एसएफआई के दोस्तो, संरचनावादी संक्रियावाद (स्ट्रक्चरल फंक्शनिज़्म) मार्क्सवाद नहीं है।

[कम्युनिस्टों द्वारा पूजा में शामिल होने के संदर्भ में- संपादक]

दो दिन पहले आंबेडकरी छात्रों ने कैंपस के कम्युनिस्टों के धर्म के साथ अवैध रिश्तों की पोल खोली थी। हमने पूजा करते हुए उनकी तस्वीरें जारी की थी। कार्ल मार्क्स ने जब धर्म के बारे में और विशेष रूप से कैथोलिक चर्च के बारे में अपना व्यंग्यात्मक विचार ज़ाहिर किया था तो उन्होंने धर्म के ढकोसले को बौद्धिक रूप से भी तहस-नहस करने की आवश्यकता बताई थी। उन्होंने धर्म को जनता का अफीम कहते हुए इसकी सटीक व्याख्या की थी। उन्होंने धर्म की यह कहकर खिल्ली उड़ाई थी कि यह लोगों को झूठी तसल्ली देने के लिए बनाया गया थी जिसे शासक वर्ग का समर्थन प्राप्त होता है क्योंकि वह जनता की क्रांतिकारिता को दबाने में मदद करता है। थोड़ी देर के लिए कार्ल मार्क्स को छोड़ कर अन्य महान विचारकों के मत को देखते हैं जिन्होंने धर्म के ख़िलाफ़ लिखा है। फ्रायड का मानना था कि धर्म एक प्रकार के मनोविषाद संबंधी

ज़रूरत से पैदा होता है। बाकुनिन धर्म को मनगढ़ंत और असफल व्यक्तियों की अंधभक्ति का परिणाम मानते थे। डॉक्टर आंबेडकर के अनुसार यह मानव के विलगाव और असमानता का सिद्धांत है। दुनिया में किसी भी जगह, किसी भी वक्त बहुसंख्यक धर्म को मानना या इसे बढ़ावा देने का अर्थ होता है एक ऐसी आस्था को बढ़ावा देना जिसका सबसे बड़ा मकसद है समाज को शोषक वर्ग की चाहत के अनुरूप समाज को बनाए रखने का बहाना।

भारत की बात करें तो यहां हिंदू धर्म बहुसंख्यकों का धर्म है। यह कई रूपों में पाया जाता है। इसमें जातिवादी और हिंदुत्ववादी संगठन शामिल होते हैं जो अपने को तर्कवादी या प्रगतिशील या कम्युनिस्ट कहते हैं। धार्मिक आयोजनों में भाग लेना दंभपूर्ण अभिजात्यवादी कदम है। ब्राह्मणवादी हिंदुत्व समर्थक शक्तियों के साथ उनके छुपे हुए संबंधों को बाहर लाकर हैदराबाद विश्वविद्यालय की एसएफआई ने दलितों और अल्पसंख्यकों की मुक्ति के प्रति अपने समर्पण को जगज़ाहिर कर दिया है। देश में जब हर तरफ दलितों और मुसलमानों को भीड़ के द्वारा घेर घेर कर मारा जा रहा है उस समय भी कैंपस के कॉमरेडों को हिंदुत्ववादी संस्कृति को बढ़ावा देने के परिणाम समझने में मुश्किल हो रही है। उनके आका उन्हें किस प्रकार का मार्गदर्शन दे रहे हैं इससे यह बात भी साफ होती है।

कैंपस के अंदर हिंदू धार्मिक आयोजनों में शामिल होने को उचित ठहराना उनके वैचारिक दिवालिएपन को भी दर्शाता है। यही धर्मनिरपेक्ष कॉमरेड आंबेडकरी छात्र संगठनों के कैंपस के अंदर के मुसलमानों और ईसाइयों से संबंध के ख़िलाफ़ प्रचार करते हैं। यह अभियान बिलकुल बेमतलब और बेवकूफी भरा है क्योंकि इससे पता चलता है कि आप बहुसंख्यक चेतना और अल्पसंख्यक अधिकारों के बीच फर्क नहीं कर पा रहे। मैं यह भी साफ-साफ कहना चाहता हूं कि अपनी गलतियों पर अड़े रहने से आपको आज्ञाकारी पार्टी कार्यकर्ता का तमगा तो मिल जाएगा लेकिन अपने नेता की गलतियों का बिना सोचे समझे समर्थन करने से आप मार्क्सवादी या वैज्ञानिक समाजवादी नहीं बन सकते।

रोज़ा लक्समबर्ग ने सोशलिज्म ऐंड चर्चेज़ में लिखा है कि 'पूंजीपतियों से किसी भी मायने में कम नहीं रहने वाला पुजारी वर्ग जनता की पीठ पर लदा होता है। यह जनता के शोषण, अज्ञान और बदहाली का फायदा उठाता है।'

'अपनी परिस्थितियों पर परदा डालने वाली सोच से मुक्ति की मांग उन परिस्थितियों से मुक्ति की मांग है जिसकी वजह से इनपर परदा डालने की ज़रूरत पड़ती है,' कार्ल मार्क्स ने *क्रिटिक ऑफ हेगेलियन डिफेंस ऑफ रिलीजियस प्रैक्टिसेज़* में लिखा था।

लेनिन ने लिखा था 'धर्म एक प्रकार की आध्यात्मिक शराब है जिसमें पूंजी के गुलाम अपने मानवीय स्वरूप तथा सम्मानपूर्ण ज़िंदगी की मांग को डुबो देते हैं।'

'असमानता हिंदू धर्म की आत्मा है...अगर कभी हिंदू राज स्थापित होता है तो बेशक यह इस देश के लिए सबसे बड़ी त्रासदी होगी। हिंदू भले जो भी कहें, हिंदू धर्म स्वतंत्रता, समानता और भाईचारे का दुश्मन है। इसलिए लोकतंत्र से इसका मेल नहीं बैठ सकता। हिंदू राज को आने से किसी भी कीमत पर रोका जाना चाहिए।' डॉ. आंबेडकर (राइटिंग्स एंड स्पीचेज़, खंड 8, पृष्ठ 358)

iii) सहिष्णुता की बहस में अब क्या बचा है

23 अक्टूबर 2015

आपकी सहिष्णुता एकरैखिक क्यों है? हमारे कॉमरेड केवल दुर्गापूजा, ओनम या सरस्वती पूजा ही क्यों मनाते हैं, क्रिसमस या मुहर्रम क्यों नहीं? क्या ये गैर-हिंदू धर्म अछूत हैं? कहीं ऐसा तो नहीं कि उन्हें [कम्युनिस्टों को - संपादक] वोट देने वाले लोग हिंदू ही हैं? अगर ऐसा है तो यह कहना क्या गलत है कि ये पार्टियां भी हिंदुत्व के सिक्के का दूसरे पहलू हैं?

वैसे एक कॉमरेड ने मुझसे कहा था कि कम्युनिस्ट होने का

मतलब नास्तिक होना नहीं है। कॉमरेड को पता होना चाहिए कि एक और स्थिति होती है- अज्ञेयवादी। अगर हम मानते हैं कि विचारधारा नाम की कोई चीज़ होती है तो यह कतई आवश्यक नहीं कि हमें धार्मिक होना ही चाहिए या कि फिर हिंदू होना चाहिए।

23 अक्टूबर 2015

सहिष्णुता, श्रमिक वर्ग, ब्राह्मणवादी, मार्क्सवादी, साम्यवाद- मेरे प्यारे कॉमरेड दोस्तों इनके बारे में विचार कर पाना तुम्हारे बस की बात नहीं। अपना बचाव करने की कोशिश में तुम अपना और दूसरे छात्रों का समय क्यों बर्बाद कर रहे हो? अगर तुम उच्च जाति तथा उच्च वर्ग की अपनी सुविधाओं को नहीं छोड़ सकते तो अखिल भारतीय विद्यार्थी परिषद में शामिल क्यों नहीं हो जाते? तुम लोगों ने एसएफआई के नाम पर वोट मांगा था और तुम पर नज़र रखने का मतलब ये नहीं कि हम तुम्हारा पीछा कर रहे हैं। इसे राजनीतिक चेतना कहा जाता है। क्या तुमलोग चाहते हो कि चुनाव के बाद छात्र सो जाएं और अपनी आंखें बंद कर लें? लोगों को बदनाम करने से अच्छा होगा कि तुम इस कैंपस के प्रति जवाबदेह बनो।

12

राजनीति और मीडिया

दुनिया की हर राजनीतिक गतिविधि पर वेमुला की नज़र रहती थी जैसे कि इज़राइल-फिलिस्तीन संबंध, सऊदी अरब का वहाबी राष्ट्रवाद और फीफा फुटबॉल विश्वकप भी।

राजनीति के बारे में उसकी टिप्पणियां न्याय के लिए उसकी अपनी लड़ाई को भी दर्शाती थीं। वह पक्षपातपूर्ण राजनीति का कटु आलोचक था और मानवाधिकारों के लिए लड़े जाने वाले जनसंघर्षों का समर्थन करता था। शाही खानदान में बच्चे के जन्म की खबरों को ज़रूरत से अधिक महत्व दिए जाने के लिए वह मीडिया का मज़ाक उड़ाया करता था। भारत और पश्चिमी देशों की मीडिया द्वारा नोबेल पुरस्कार विजेता तथा बाल अधिकारों के लिए सक्रिय मलाला यूसुफज़ई को दिए जाने वाले अति-महत्व पर भी वह सवाल उठाता था। उसे लगता था कि मलाला को विश्वशांति के प्रतीक के तौर पर प्रचारित किए जाने के पीछे भू-राजनीतिक तथा सांस्कृतिक अंतर्धाराएं काम कर रही थीं।

i) राजनीति के बारे में

11 अगस्त 2014

[गाज़ा के बारे में- संपादक]

[गाज़ा में इज़राइली हवाई हमले में मारे गए एक बच्चे की तस्वीर साझा करते हुए] इसे किसी भी तरह से जायज़ ठहराने की कोशिश की जाए- ज़ायनिज़्म, सुरक्षा या फिर एक ऐसी जंग जिसे रोकना संभव नहीं, लेकिन एक दिन इस बर्बरतापूर्ण तथा भयंकर कार्रवाई के पीछे जो लोग हैं उन्हें इसकी कीमत चुकानी ही पड़ेगी। मैं उस दिन का इंतज़ार कर रहा हूं।

इज़राइल- अमरीका उपनिवेशवादी दंभ मुर्दाबाद।

किसी भी तरह के आतंकवाद के ख़िलाफ़ मुर्दाबाद।

गाज़ा को आज़ादी और शांति मिले।

13 जून 2014

[फीफा विश्वकप और उसके परिणाम के बारे में- संपादक]

मेरी दुनिया, आपकी दुनिया और हमारी दुनिया? अखबारों और टीवी कार्यक्रमों मे जो चमक दमक दिखाई देती है उसका एक अनदेखा और अंधेरा पक्ष भी है जो ब्राज़ील के गरीबों के खून और उनके आंसुओं से लिखा गया है। भला इसके बारे में हम क्यों सोचें जब हमारे सामने नेमार की शैली और रोनाल्डों की तेज़ गति पूजने के लिए मौजूद है? इस अन्याय के सामने हमारी तटस्थता का खामियाज़ा हमें उस दिन भुगतना ही पड़ेगा जब हम खुद इसके

शिकार बनेंगे। उस दिन हम अकेलेपन के अंधेरे में खीझेंगे।

फुटबॉल का मज़ा लीजिए।

28 मार्च 2015

[एक तस्वीर के बारे में- संपादक]

किसी फोटो पत्रकार ने इस सीरियाई बच्चे की तस्वीर ली है। लड़की ने सोचा कि शायद उसके हाथ में हथियार है और उसने अपने दोनों हाथ ऊपर कर दिए। लड़की की आंखों में पूंजीवादी, साम्राज्यवादी तथा फासीवादी शासन द्वारा फैलाई जा रही बेहिसाब क्रूरता साफ झांकती दिखाई दे रही है।

4 सितंबर 2015

[यूरोप में आप्रवासियों के आने के संदर्भ में- संपादक]

आज के पहले अंग्रेज़ अपनी उच्च नैतिकता का हवाला देकर जर्मनी को नीची निगाह से देखते थे। इतिहास में जब कभी युद्ध के बारे में बहस होती थी तो जर्मनी को उसके नाजी इतिहास के लिए कोसा जाता था जबकि ब्रिटेन को मानवता के सिद्धांत से ओतप्रोत प्रगतिशीलता का स्तंभ माना जाता था। लेकिन प्रवासियों की समस्या के बाद इन शरणार्थियों के लिए जर्मनी एक प्रशंसनीय स्थान के रूप

में उभर कर सामने आया है जबकि ब्रिटेन का दशकों पुराना उच्च नैतिक आधार समाप्त हो गया है।

7 सितंबर 2015

क्या आपने *प्रेस्टिज* फिल्म देखी है?

इसके एक दृश्य में एक जादूगर कबूतर के साथ अपना जादू दिखाता है। कबूतर दिखाई देता है और फिर गायब हो जाता है। लेकिन वह इतने से संतुष्ट नहीं होता। वह कबूतर को फिर गायब कर देता है- ठीक वही सफेद कबूतर, वही चोंच और पंख। सब तालियां बजाते हैं और जादूगर की तारीफ होती है लेकिन दर्शकों के बीच एक बच्चा रोने लगता है। जब उससे पूछते हैं तो वह कहता है कि जादूगर ने कबूतर को मार दिया। मगर तालियों की गड़गड़ाहट के बीच उसकी सिसकियां दब जाती हैं।

सबको पता है कि राजनीति भी ऐसी ही चीज़ है। नेता जादूगर होते हैं। कैडर उनके लिए कबूतर की तरह होते हैं। जिस दिन हम अपनी नज़रों के सामने किए जा रहे हाथ की सफाई को समझ लेंगे उसी दिन हमारी आंखों पर पड़ा परदा हट जाएगा और जादू हम पर बेअसर हो जाएगा।

21 सितंबर 2015

[सऊदी अरब को संयुक्त राष्ट्र संघ के मानवाधिकार पैनल का नेतृत्व दिए जाने पर- संपादक]

सऊदी अरब कुछ भी हो लेकिन यह मानवाधिकारों का प्रतिनिधि नहीं हो सकता। सऊदी अरब की औरतें दुनिया के किसी भी मुल्क की तुलना में अधिक प्रताड़ित हैं। जबरन मज़दूरी, बेगार, धर्म को लादा जाना, शरिया क़ानून, महिला विरोधी और घृणास्पद स्तर तक धनी शेख। उन्हें मानवाधिकार मिशन के नेतृत्व के लिए कोई भी योग्यता प्राप्त नहीं है।

ii) मीडिया के बारे में

11 अक्टूबर 2014

मलाला यूसुफज़ई को शांति के लिए नोबेल पुरस्कार दिया गया। इसे देखने के दो तरीके हो सकते हैं। कहा जा सकता है कि कम से एक लड़की तो ऐसी बहादुर निकली जो मानवता और मानवाधिकारों के लिए खतरा उपस्थित करने वाले कट्टर चरमपंथियों के ख़िलाफ़ निडर होकर खड़े होने का साहस कर सकी। नोबेल पुरस्कार ने ऐसी लड़की को एक पहचान दी। इसे एक नामी क्रांति के महत्व को स्वीकारने के प्रतीक के रूप मे देखा जा सकता है। लेकिन इसका

एक और भी पहलू है जिसपर अधिक चर्चा नहीं हुई है। यह पक्ष जनता की नज़रों के सामने नहीं लाया गया है।

वैश्विक स्तर पर बाल अधिकारों तथा मानवाधिकारों के प्रतीक के रूप में व्यापक स्वीकृति के पीछे भूराजनीतिक और सांस्कृतिक कारण भी प्रच्छन्न तौर पर सक्रिय रहे हैं। एक प्रकार के कट्टरवाद के प्रतिरोध के जश्न ने दुनिया के अन्य स्थानों में लंबे समय से चल रहे ऐसे कई अन्य संघर्षों से लोगों का ध्यान हटा दिया है। अंग्रेज़ी माध्यमों की मीडिया मलाला-तालिबान संघर्षों के बारे में बढ़चढ़ कर बातें करती रही है लेकिन अफ्रीका में बच्चों की शिक्षा, फिलिस्तीनी संघर्ष या फिर भारत के गरीबों की स्थिति जैसे विषयों को बड़ी आसानी से भुला दिया गया है। मलाला पर हमले के बाद जिस तरह की भावनात्मक प्रतिक्रिया दिखाई दी उसके बाद तो उसकी विस्तार पूर्वक जांच-पड़ताल संभव ही नहीं रही।

ऐसा मत सोचिए कि मलाला को नोबेल पुरस्कार मिलने से मैं खुश नहीं हूं। मैं आमतौर पर पुरस्कारों आदि को ज़्यादा महत्व नहीं देता और ऐसे वक्त में तो मैं अपने चिड़चिड़ेपन की हद पर हूं। मेरे लिए यह दिन भी अन्य दिनों की तरह एक सामान्य सा दिन है। खबरों में जिस तरह ढोल पीटा जा रहा है वह मेरे लिए अखबार की एक और कतरन या फेसबुक की एक और पोस्ट से ज़्यादा कुछ नहीं है।

आज भी तालिबान मौजूद है। शरिया क़ानून कई देशों में इस्तेमाल किया जाता है। धार्मिक कट्टरपंथ (जैसे कि हिंदुत्ववाद) शासन में अपनी अहमियत स्थापित कर रहा है। बच्चे भूख से मर रहे हैं और उन्हें उचित शिक्षा नहीं मिल पा रही है। इस सबके होते हुए भी हम सोच रहे हैं कि हमे 'क्रांतियों' को पुरस्कृत करना चाहिए।

मुझे लगता है कि इस नई दुनिया में एक तरह का फरेब चल रहा है। वातानुकूलित कमरों में बैठकर, संयुक्त राष्ट्रसंघ के मंच से और टेलिविज़न कार्यक्रमों के द्वारा बयान दिए जा रहे हैं। इसके आधार पर विकास की छवि बनाई जा रही है जब कि गरीबों की ज़िंदगी में कोई वास्तविक बेहतरी नहीं हो रही है।

ऐसे वक्त में कुछ रूमानी क्रांतिकारी दावा कर रहे हैं कि [मलाला की] यह जीत उनके राजनीतिक सिद्धांतों की जीत है। यह अजीबोगरीब और हास्यास्पद लगता है। कुछ प्रोलेतारियतवादियों की प्रतिक्रिया सुनकर ऐसा लगता है जैसे वह अपने वैचारिक विरोधियों से शाबासी के लिए लालायित हों। मैं मानता हूं कि मैंने कैलाश सत्यार्थी का नाम इसके पहले कभी नहीं सुना था। कभी-कभी अपने बारे में सोचकर बुरा लगता है।

वैसे पिछले साल किन लोगों को नोबेल पुरस्कार मिला था और उन्होंने इसके बाद दुनिया के लिए क्या क्या किया???

13

लोग अलग किस्म के होते हैं

वेमुला ने सार्वजनिक जीवन में सक्रिय लोगों पर जो संक्षिप्त टिप्पणियां लिखीं उनमें उसकी राजनीतिक सोच स्पष्ट होती है। वह देश के अधिकांश राजनीतिक नेताओं की कटु आलोचना करता था। इन नेताओं में मोदी, पूर्व मानव संसाधन विकास मंत्री स्मृति ईरानी, सीपीएम नेता प्रकाश करात और सीताराम येचुरी शामिल थे। वेमुला अमरीकी राष्ट्रपति पद के उम्मीदवार डोनाल्ड ट्रम्प से लेकर भारत के पूर्व राष्ट्रपति डॉ. अब्दुल कलाम तक की आलोचना करता था।

वह लोगों की आलोचना करने में जितना स्पष्ट था वह उतनी ही ईमानदारी से कुछ अन्य राजनेताओं, राजनीतिक कार्यकर्ताओं तथा सांस्कृतिक व्यक्तित्वों का साथ भी देता था। जिन लोगों को वह पसंद करता था और उन्हें समर्थन देता था उनमें मार दिए गए संस्कृतिकर्मी सफदर हाशमी, राष्ट्रीय जनता दल के अध्यक्ष लालू प्रसाद यादव, ऑल इंडिया मजलिस ए इत्तेहादुल मुसलिमीन के अध्यक्ष असदुद्दीन ओवैसी, कलाकार नेहा धुपिया तथा तीस्ता सीतलवाड शामिल थे।

आंबेडकरी के तौर पर वेमुला जिन्हें पसंद करता था और राजनीतिक महत्व देता था उनके बारे में लिखने में वह समय दिया करता था। ऐसे लोगों में वह आंबेडकर, ज्योतिराव फुले,

पेरियार, कार्ल मार्क्स और चे ग्वारा को गिनता था। तेलुगु सांस्कृतिक एवं साहित्यिक प्रतीक पुरुषों जैसे कि दलित कवि गुर्रम जसुवा, वकील तथा कार्यकर्ता डॉ. के. बालागोपाल के बारे में वेमुला ने विस्तार पूर्वक लिखा है।

वेमुला की राजनीतिक सोच में बदलाव के साथ ही इन सार्वजनिक व्यक्तित्वों के बारे में उसके विचारों में भी परिवर्तन हुआ। इससे उसका लेखन समृद्ध हुआ। ऑनलाइन लेखन केवल उसकी दृष्टि और आलोचना को ही नहीं दर्शाते बल्कि इसके आधार पर वह अपनी पसंद के लोगों से और उनकी राजनीति से हमारा परिचय भी करवाता है।

i) जिनकी उसने आलोचना की

नरेंद्र मोदी

26 मई 2015

[मोदी के द्वारा बीजेपी सरकार के एक साल पूरा होने पर अपनी तस्वीर लगाने के लिए सरकारी दफ्तरों को सर्कुलर भेजे जाने के संदर्भ में- संपादक]

मुसोलिनी की तर्ज पर भारत का यह पागल उम्मीद के अनुरूप ही आचरण कर रहा है। बिल्कुल फूहड़ लगता है।

20 जून 2015

मोदी जब योग करते हैं तो हमारे सामने तीन शंकाएं खड़ी होती हैं-

1. अगर योग अच्छे दिमाग को विकसित करने में मदद करता है तो मोदी के साथ ऐसा क्यों नहीं हुआ?

2. अगर वह भी रोज़ योग का अभ्यास करते हैं तो उनकी मांस-पेशियों और बाबा रामदेव की मांसपेशियों में इतना अंतर क्यों है?

3. अगर योगाभ्यास से आपको बेहतर सोच में मदद मिलती है तो मोदी अबतक बीजेपी में क्यों शामिल हैं?

12 नवंबर 2015

जहां कहीं भी मोदी को विरोध प्रदर्शनों का सामना करना पड़ता है वह आंबेडकर का नाम लेने लगते हैं। ब्रिटेन की संसद में मोदी के द्वारा आंबेडकर का नाम लेना और सामाजिक न्याय की चर्चा अपने आप में बड़ी विडंबनापूर्ण बात है क्योंकि उनकी पार्टी के सदस्य रोज़ाना दलितों और मुसलमानों की हत्या करवाते हैं।

स्मृति ईरानी, मानव संसाधन विकास मंत्री

19 जुलाई 2015

[स्मृति ईरानी द्वारा राष्ट्रीय स्वयंसेवक संघ के साथ शिक्षा नीति के

बारे में चर्चा करने के संदर्भ में- संपादक]

भविष्य इतना आकर्षक और लुभावना नहीं रहने वाला है। हमारे ऊपर कोई आफत आने वाली है।

मुख़्तार अब्बास नकवी, संसदीय कार्य राज्य मंत्री

22 मई 2015

[गोमांस खाने वालों को पाकिस्तान जाने की सलाह देने पर- संपादक]

श्री नकवी को तुरंत पागलों के पुनर्वास के लिए बनाई गई संस्था में चला जाना चाहिए। मुझे ऐसे लोगों पर दया आती है जिन्होंने नक़वी को सांसद बनाने के लिए वोट दिया।

अस्मिता के सामने अस्मिता [मुसलमान के सामने मुसलमान- संपादक] के रखे जाने का यह शास्त्रीय उदाहरण है।

विवेकानंद

स्त्री विरोधी और तर्कविरोधी लेकिन प्रख्यात बंगाली जिसके अंदर कोई तत्व नहीं है, श्री विवेकानंद।

आसाराम

14 फरवरी 2015

[संत आसाराम पर लगे बलात्कार के आरोपों के संबंध में- संपादक]

दो गवाहों की हत्या कर दी गई और तीसरे को कचहरी के अंदर छुरे से घायल कर दिया गया। भारत में इसी तरह लोग क़ानून की ओर से निरपराध घोषित किए जाते हैं। न्याय और लोकतंत्र की तलाश में।

राजनाथ सिंह, गृह मंत्री

19 सितंबर 2015

[राजनाथ सिंह के वक्तव्य के संदर्भ में कि नासा के वैज्ञानिकों को भारत के पंडितों के ज्ञान के बारे में पता नहीं है- संपादक]

इस तरह के सिरफिरे लोगों का मंत्री होना देश के लिए शर्मनाक बात है।

डॉ. अब्दुल कलाम, पूर्व राष्ट्रपति और वैज्ञानिक

कुछ लोगों का कहना है कि दिवंगत लोगों के बारे में हमें बुरी बातें नहीं करनी चाहिए। लेकिन मुझे लगता है कि डॉ. अब्दुल कलाम को वैज्ञानिक कहे जाने के बारे में चर्चा होनी चाहिए।

मुझे आज भी वह दिन याद है जब हमने सुबह-सुबह खबर पढ़ी थी कि राष्ट्रपति कलाम पुट्टपर्ती साईबाबा के जन्म दिन पर उनसे मिलने गए हैं। उन्होंने साईबाबा के चरणों में बैठकर उनकी प्रशस्ति में एक कविता पढ़ी थी। मैंने उसी दिन अनंतपुर से अपनी इंटरमीडिएट की परीक्षा पास की थी। मैंने तभी फैसला किया था कि मैं ज़िंदगी में कभी कलाम की पुस्तकें नहीं पढ़ूंगा न ही उनको आदर्श वैज्ञानिक का दर्जा दूंगा।

मेरे लिए वह 'महान भारत' के एक सम्मानित राष्ट्रपति थे। वह महान वैज्ञानिक नहीं थे।

डोनाल्ड ट्रम्प, अमरीका में राष्ट्रपति पद के लिए रिपब्लिकन पार्टी के उम्मीदवार

[ट्रम्प द्वारा अपने प्रचार अभियान के दौरान प्रवासी मुसलमानों के ख़िलाफ़ टिप्पणियों के संदर्भ में- संपादक]

22 दिसंबर 2015

हम भूल जाते हैं कि पूंजीवादी हितों के साधन के लिए ट्रम्प जैसे लोगों को प्रसिद्धि प्रदान करना युवा मस्तिष्कों के लिए कितना बड़ा आघात होता है।

प्रकाश करात, सीपीएम के पूर्व महासचिव

16 अप्रैल 2015

करात ने कहा है कि वह अपने रेकॉर्ड जांच कर बता पाएंगे कि पार्टी की केंद्रीय समिति में दलित शामिल रहे हैं कि नहीं लेकिन उन्हें एक भी नाम याद नहीं।

सीताराम येचुरी, सीपीएम महासचिव

28 नवंबर 2015

आज मैं अपने कमरे में बैठकर संविधान दिवस के अवसर पर सीताराम येचुरी का भाषण सुन रहा था। जब वह गोलवलकर की किताब के बारे में बोल रहे थे तो मेरे साथ रहने वाला मित्र अंदर आया। वह अपने बिस्तर पर बैठकर थोड़ी देर तक मुझे देखता रहा। फिर उसने मुझसे पूछा कि क्या येचुरी भाजपा के नेता हैं? (वह पहले से येचुरी का नाम नहीं जानता था) मैंने उसे कहा कि परदे पर दिखाई दे रहा व्यक्ति सीपीएम का महासचिव है। मैं भाषण देखने में इतना डूबा हुआ था कि मैंने उस समय उसकी बातों पर गौर नहीं किया। इसके बाद अपना बिस्तर ठीक करते हुए मेरे दोस्त ने पूछा कि वह क्या करते हैं? मैंने यूं ही जवाब दिया- वह कुछ नहीं करते।

फिर मैंने वीडियो बंद कर दिया और थोड़ी देर इसके बारे में

सोचता रहा। मैंने सिगरेट सुलगाई और एक दो सेकेंड की चुप्पी के बाद गूगल क्रोम में दूसरा टैब खोला। इसमें खोजने के लिए टाइप किया – चिटियां कलाइयां।

***

निजी क्षेत्र में आरक्षण के लिए संविधान दिवस पर महामहिम येचुरीजी का भाषण, अगर मैं विनम्र भाषा का प्रयोग करूं, बड़ा मज़ेदार था।

[हैदराबाद विश्वविद्यालय में चर्चा के दौरान - संपादक] जब उनसे पूछा गया कि सीपीएम पोलित ब्यूरो में पिछले इक्यावन सालों में एक भी दलित सदस्य क्यों नहीं शामिल किया गया तो येचुरी ने जवाब दिया था कि अगर योग्य व्यक्ति मिले तो उन्हें पोलित ब्यूरो में अवश्य शामिल किया जाएगा। अपने इस वक्तव्य में वह [जाति के सवाल पर- संपादक] पार्टी की मानसिकता को ही ज़ाहिर कर रहे थे। उनके अनुसार आज भी दलितों के बीच योग्यता की खोज जारी है। और वह निजी क्षेत्र में आरक्षण की मांग कर रहे हैं।

मुझे संदेह है कि येचुरी अपनी पार्टी को एक निजी इकाई के रूप में देखते हैं। क्या वह अपनी पार्टी नेतृत्व में दलितों को शामिल करने के पहले निजी क्षेत्र में आरक्षण का इंतज़ार कर रहे हैं? कहीं वह ये तो नहीं सोच रहे कि दलितों को नौकरी देने के लिए मजबूर किए

जाने के बाद निजी औद्योगिक क्षेत्र तो बर्बाद हो ही जाएगा।

निजी क्षेत्र में आरक्षण के लिए उनके भाषण को सुन कर कॉमरेडों को चरम आनंद का अनुभव हो रहा था लेकिन सामान्य दलित आरक्षण के इस मसीहा के पिछले रेकॉर्ड को देखकर दुखी हो रहा था। क्या आपको याद है कि आखिरी बार सीपीएम ने कब राष्ट्रीय स्तर पर कोई मांग उठाई और बाद में उसे हासिल भी किया?

येचुरी जैसे लोग जब आर्थिक आधार पर सुधारों की बात करते हैं तो यही समस्या पैदा होती है। वे काम की बात कर ही नहीं पाते। मैं उम्मीद करता हूं कि कॉमरेड कभी एक सेशन लगाकर मार्क्स की इस उक्ति को समझने की कोशिश की होगी (जो उन्होंने किसी से उधार ली थी)- सबसे उनकी योग्यता के अनुसार और सबको उनकी ज़रूरत के मुताबिक।

भारतीय समाज में दलित नेताओं की ज़रूरत के प्रति उदासीन रहना वामपंथ द्वारा जानबूझकर अपनाया गया अपमानजनक रवैया है।

कम्युनिस्ट पार्टियां समाज के पिछड़े वर्गों के मुद्दों पर अगर सचमुच गंभीर हैं तो उनके यहां महिला विंग, दलित विंग तथा अल्पसंख्यक विंग जैसे विभाजन क्यों हैं? क्या यह हमारे शरीर की बनावट में मांसपेशियों तथा अस्थिपंजर की बनावट की तरह अपने आप में स्पष्ट नहीं है?

प्रकाश आंबेडकर, बाबा साहेब आंबेडकर के पोते

[उनके इस वक्तव्य के बारे में कि अनुसूचित जातियों के लिए राजनीतिक आरक्षण समाप्त किया जाना चाहिए- संपादक]

मैं अपने विचार व्यक्त करने के उनके अधिकार का सम्मान करता हूं लेकिन उनकी विवेकहीनता से मुझे घोर निराशा हुई। इस मुद्दे पर उनके विचारों से समाज का एक बहुत बड़ा तबका प्रभावित होगा लेकिन उन्होंने अपनी एकतरफा राय ज़ाहिर की। मुझे लगता है कि उन्हें तथ्यों की सही जानकारी नहीं दी गई। संसद के चुनावों में सबसे ज़्यादा नोटा वोट सुरक्षित क्षेत्रों में ही डाले गए थे। मुझे यह पक्षपातपूर्ण चुनावी रुझान मालूम होता है।

ii) जिनके साथ वेमुला ने राजनीतिक एकजुटता दिखाई

कृष्ण कुमारी पेरियार, नेपाली नेता

22 सितंबर 2015

इन्होंने ही नेपाल के बहुप्रशंसित संविधान में अल्पसंख्यकों तथा पिछड़ों के अधिकार को शामिल करवाया। वह एक दलित महिला हैं।

सफदर हाशमी, संस्कृतिकर्मी जिनकी हत्या कर दी गई थी

12 अप्रैल 2015

कॉमरेड सफदर हाशमी आपको अपने साहस और त्याग के लिए याद किया जाएगा।

तीस्ता सीतलवाड, मानवाधिकार कार्यकर्ता

19 जुलाई 2015

तीस्ता सीतलवाड उन थोड़े से कार्यकर्ताओं में शामिल हैं जो 2002 के गुजरात नरसंहार के लिए न्याय की लड़ाई लड़ रहे हैं। उन्हें भाजपा सरकार द्वारा परेशान किया जा रहा है। उन्हें देश के लिए खतरा बताया जा रहा है। लेकिन हम जानते हैं उन्हें इसलिए मुकदमे में फंसाया जा रहा है क्योंकि वह मि. मोदी के लिए खतरा हैं।

नेहा धुपिया, बॉलीवुड की कलाकार

22 जुलाई 2015

[इंटरनेट पर गाली-गलौज और धमकियां मिलने के संदर्भ में- संपादक]

नेहा धुपिया भी इस देश की नागरिक हैं और उन्हें इंटरनेट पर अपने विचार व्यक्त करने का उतना ही अधिकार है जितना किसी और को। कभी-कभी तो मुझे लगता है कि इन्फॉर्मेशन टेक्नोलॉजी एक्ट की धारा 66 A को भी इन्हीं भक्तों को बचाने के लिए हटा गया।

अभिजित रॉय, ब्लॉगर कार्यकर्ता

25 मार्च 2015

नृशंस। घृणित। अस्वीकार्य।

नास्तिक कार्यकर्ता अभिजित रॉय की बंग्लादेश में हुई हत्या धार्मिक अतिवाद का एक असभ्य और कायरतापूर्ण कदम है।

मैं इसकी घोर निंदा करता हूं।

लालू प्रसाद यादव, राष्ट्रीय जनता दल अध्यक्ष

20 जून 2015

[लालू के इस बयान पर कि योग तोंद वाले धनी लोगों के लिए आवश्यक है न कि गरीबों के लिए-संपादक]

राजद अध्यक्ष मेरे हमेशा पसंदीदा रहे हैं, हमेशा बेबाकी से खरी बात कहने वाले।

19 जुलाई 2015

लालू - एक ऐसे वरिष्ठ जिसे सुना जाना चाहिए।

8 नवंबर 2015

इसमें कोई संदेह नहीं कि लालू की जीत युटोपियन विचारधाराओं पर भी विजय है। याद कीजिए कि तथाकथित प्रगतिशील कल तक

कैसे लालू की आलोचना करते थे। आज वे भी जश्न मना रहे हैं जैसे कि उन्होंने ही मोदी को रोका हो। वर्ग आधारित राजनीति भी हिंदुत्व की राजनीति का ही एक पहलू है। दोनों चाहते हैं कि शोषित जनता चुपचाप देखती रहे। मैं अपनी स्थिति ज़ाहिर कर देना चाहता हूं कि राजनीतिक रूप से मैं जनता दल (युनाइटेड) के नेता नीतीश कुमार का प्रशंसक नहीं हूं। वह उतने ही खतरनाक हैं जितने मोदी। मुझे आश्चर्य नहीं होगा अगर अगले चुनावों में एनडीए नीतीश को प्रधानमंत्री पद का उम्मीदवार घोषित कर दे।

अरविंद केजरीवाल, आम आदमी पार्टी प्रमुख

14 फरवरी 2014

अरविंद इस देश के नए हीरो हैं। यह देश की विफलता है कि यह आम आदमी को अपने अंदर स्थान नहीं दे पाया। दिल्ली के लिए बुरा अनुभव कर रहा हूं कि इसने परिवर्तन का मॉडल बन पाने का एक मौका खो दिया है।

नीतीश कुमार, वरिष्ठ नेता

[नीतीश कुमार द्वारा एक दलित नेता जीतन राम मांझी को एक साल के लिए बिहार का मुख्यमंत्री बनाए जाने के बारे में- संपादक]

20 मई 2014

राह के रोड़े और सफलता की सीढ़ी बनना इस बात पर निर्भर करता है कि आप उनका कैसा इस्तेमाल कर रहे हैं। केंद्र की फासीवादी सरकार का परचम तरक्कीपसंद लोगों के लिए असुविधाजनक हो सकता है लेकिन नीतीश ने जो अद्भुत काम कर दिखाया है उससे पता चलता है कि इस कठिन वक्त में भी डरने की ज़रूरत नहीं। हम कुछ कर सकते हैं।

आनंद तेलतुंबड़े, दलित मार्क्सवादी शिक्षाविद

3 जून 2014

[बदायूं बलात्कार केस पर उनके लेख के संदर्भ में- संपादक]

आनंद तेलतुंबड़े आज के उन थोड़े से सामाजिक आलोचकों में हैं जिन्हें पढ़ा जाना चाहिए।

संजीव भट्ट, 2002 के गुजरात दंगों के समय के भारतीय पुलिस सेवा के अधिकारी।

14 सितंबर 2015

लड़े चलो.. हम तुम्हारे साथ हैं।

मसरत आलम भट, अलगाववादी नेता, कश्मीर

10 मार्च 2015

जो लोग मसरत आलम की रिहाई के नाम पर पागल हुए जा रहे हैं क्या उनको पता है कि कितने कश्मीरी सालों तक बिना सुनवाई के जेलों में सड़ते रहते हैं? क्या आप कभी कश्मीर के जेलों में बंद राजनीतिक कैदियों की संख्या के बारे में जानने की कोशिश करते हैं?

जेरेमी कोर्बिन, लेबर नेता, ब्रिटेन

13 सितंबर 2015

नए लेबर नेता को भेदभाव और न्याय के बारे में साफ समझ है।

एम. एम. कलबुर्गी, कर्नाटक के बुद्धिजीवी और कार्यकर्ता जिनकी हत्या कर दी गई

30 अगस्त 2015

तर्कवादी और मूर्तिपूजा विरोधी कार्यकर्ता की कर्नाटक में गोली मारकर हत्या कर दी गई।

इलोनाय हिकॉक

1 सितंबर

डीएनए प्रोफाइलिंग बिल की बात करते हुए हम इलोनाय हिकॉक का नाम लेना भूल नहीं सकते।

एडवर्ड स्नोडन, भ्रष्टाचार की पोल खोलने वाले, एनएसए लीक

24 मार्च 2015

स्नोडन हीरो है।

असदुद्दीन ओवैसी, अध्यक्ष, ऑल इंडिया मजलिस ए इत्तेहादुल मुस्लिमीन

17 सितंबर 2015

ओवैसी...विकल्प।

टीपी चंद्रशेखरन, रिवोल्यूशनरी मार्क्सिस्ट पार्टी के संस्थापक जिनकी हत्या कर दी गई

4 मई 2015

टीपी चंद्रशेखरन (2 जुलाई 1960-4 मई 2012) एक राजनीतिक अनीश्वरवादी थे जिन्होंने केरल के धार्मिक सीपीएम के ख़िलाफ़ आवाज़ उठाई। उन्हें सीपीएम के समर्थकों ने क्रूर तरीके से मार डाला। उनपर चाकुओं से 51 वार किए गए। वह रिवोल्यूशनरी

मार्क्सिस्ट पार्टी के संस्थापक थे।

सवाल खड़े करना ज़िंदाबाद।

नरेंद्र दाभोलकर और गोविंद पानसरे, कार्यकर्ता

22 फरवरी 2015

एक ने अंधविश्वास और जादू टोने के ख़िलाफ़ संघर्ष किया तो दूसरे ने सड़कों पर लगाए जाने वाले टैक्स के ख़िलाफ़ मोर्चा खोला था। महाराष्ट्र में उनकी गतिविधियों के कारण दोनों लोगों की हत्या कर दी गई।

दाभोलकर हम शर्मिंदा हैं, आपके कातिल ज़िंदा हैं।

पानसरे हम शर्मिंदा हैं, आपके कातिल ज़िंदा हैं।

iii) वह जिन्हें अपना प्रेरणास्रोत मानता था

आंबेडकर

14 अप्रैल 2013

आज ही के दिन 1891 में एक सच्चे प्रेरणापुंज की अनंत यात्रा का प्रारंभ हुआ। लाजवाब विद्वता, दूरदर्शी सुधारक, दया से परिपूर्ण इंसान, दिव्य चेहरे पर खेलती दीप्तिमान शुद्ध हंसी- डॉक्टर भीमराव रामजी आंबेडकर। आज इस महान व्यक्ति के जन्मदिन पर हम एक ऐसे

समाज की कल्पना करें जहां समानता, करुणा और एक दूसरे के प्रति प्रेम हो। एक ऐसी दुनिया जहां सांप्रदायिक दंगे नहीं होते हों, जहां बच्चे अपनी जाति की चिंता किए बगैर मुस्कुराते, आत्मविश्वास से भरे नज़र आएं। एक ऐसी दुनिया जहां लोग अपनी सांस्कृतिक विभिन्नता का जश्न मनाएं न कि एक दूसरे पर प्रभुत्व स्थापित करने के लिए आपस में लड़ाई करें। एक ऐसी दुनिया जहां तानाशाही न हो।

'मस्तिष्क का विकास ही मानव अस्तित्व का अंतिम उद्देश्य होना चाहिए' *भारत रत्न डॉ. बाबा साहेब आंबेडकर। जय भीम!*

ज्योतिराव फुले

11 अप्रैल 2015

असली महात्मा।

पेरियार

24 दिसंबर 2015

पेरियार ई.वी.रामास्वामी। वह इंसान जिसने दक्षिण भारतीयों को आत्मसम्मान सिखाया।

सावित्रीबाई फुले

भुला दी गई मगर असली स्वतंत्रता सेनानी।

चे ग्वारा

14 जून 2015

आज एक प्रख्यात कम्युनिस्ट चे ग्वारा का जन्म दिवस है। एक ऐसा इंसान जिसका नाम मज़दूर वर्ग के हीरो के रूप में जाना जाता है। दुनिया भर के नौजवान समाजवादी लड़कियों के दिलों की धड़कन। पार्टी के नए कैडर्स के लिए प्रेरणा का स्रोत। मानवाधिकारों के क्षेत्र में एक विवादास्पद नाम। टी-शर्ट पर छपी तस्वीरें तो बिलकुल पैसा वसूल। चाहे वह जो भी हो, वह युवा राजनीतिक कार्यकर्ताओं की एक पीढ़ी को प्रभावित करने वाला एक व्यक्तित्व।

आस्ता ला विक्तोरिया, सिएम्प्रे कोमांदांते चे ग्वारा [जब तक फतह नहीं होती, चे ग्वारा कमांडर है]।

कार्ल मार्क्स

5 मई 2015

इस धरती पर रह चुके संसार के महानतम मस्तिष्कों में से एक को जन्मदिन मुबारक। एंगेल्स के साथ मिलकर इन्होंने क्रांति के ज्वलंत

सिद्धांत का प्रतिपादन किया। उन्होंने पूंजीवादी शोषण की व्याख्या की और हमारे गुस्से को एक वैज्ञानिक दिशा दी। द्वंद्वात्मक भौतिकवाद, सर्वहारा क्रांति, ऐतिहासिक भौतिकवाद तथा वर्ग संघर्ष की उनकी अवधारणाएं समाज के पीड़ित वर्गों को हमेशा शोषक व्यवस्था के ख़िलाफ़ विद्रोह करने में मदद करेंगी।

कार्ल मार्क्स ज़िंदाबाद। मार्क्सवाद अमर रहे। क्रांति ज़िंदाबाद।

भगत सिंह

23 मार्च 2015

इसी दिन 23 मार्च 1931 को महानतम क्रांतिकारियों में एक भगतसिंह को उनके साथियों सुखदेव तथा राजगुरु के साथ फांसी पर चढ़ा दिया गया था। वे एक नौजवान समाजवादी, नास्तिक, उपनिवेशवाद विरोधी, दक्षिणपंथ विरोधी राजनीतिक कार्यकर्ता और सबसे बढ़कर एक बहादुर इंसान थे। उनकी जेल डायरी आज के राजनीतिक माहौल में प्रासंगिक बनी हुई हैं। धार्मिक उन्मादी जब शासन कर रहे हैं और प्रतिक्रियावादी ताकतें संसद पर काबिज हैं तो भगतसिंह के विचारों को शैक्षणिक क्षेत्र में फिर से जीवित करने की ज़रूरत है।

इन्कलाब ज़िंदाबाद।

23 मार्च 2015

भगत सिंह, आपको अपनी बहादुरी और प्रेरक व्यक्तित्व के लिए याद किया जाएगा।

गुर्रम जशुआ, तेलुगु दलित कवि

24 जनवरी 2015

'अस्पृश्यता मेरा पहला गुरु है और गरीबी मेरा दूसरा'

आज महाकवि गुर्रम जशुआ की पुण्यतिथि है। वह महानतम दलित क्रांतिकारी कवियों में से एक थे। जोहार।

24 जुलाई 2015

गुर्रम जशुआ कौन हैं और 24 जुलाई को उनकी पुण्यतिथि पर उन्हें याद करना क्यों आवश्यक है?

महाकवि गुर्रम जशुआ (1895-1971) तेलुगु साहित्य के पहले ज़मीन से निकले लोगों को बांधने वाले दलित कवि थे जिन्होंने जातिवादी विचारधारा के पाखंड को बेनकाब किया। जशुआ के पिता दलित (माडिगा) थे और उनकी माता पिछड़ी जाति (गोल्ला) से आती थीं। उन्होंने अपनी पूरी ज़िंदगी अपनी मां की पहचान को बनाए रखने पर ज़ोर दिया। वह छुआछूत के खात्मे एवं महिला

अधिकारों के लिए आवाज़ उठाते रहे। जशुआ एक महान और रचनाशील कवि थे लेकिन उनकी कवित्व क्षमता तथा रचनात्मक प्रतिभा को ठीक से पहचाना नहीं गया। उन्हें अपमानित किया गया और उन्हें घोर मानसिक यातनाएं दी गई। साहित्यिक दुनिया में उच्च जातियों के विद्वानों का दबदबा था। उन्होंने गुर्रम के साथ अस्पृश्य जैसा आचरण किया।

जशुआ ने बड़ी मात्रा में साहित्य सृजन किया। इसमें कविताएं, लघु कथाएं तथा नाटक शामिल थे। उन्होंने तीस से भी ज़्यादा पुस्तकें लिखीं जिसमें उस समय के इतिहास, समाज और अर्थव्यवस्था की हलचलों का वर्णन मिलता है। जुशुआ मूलत: मानवतावादी थे और हर प्रकार की असमानता का विरोध करते थे। अमानवीय परंपराओं, असमानता तथा सामाजिक बुराइयों के ख़िलाफ़ लड़ने वाले हर व्यक्ति को जशुआ जाति, वर्ग, रंग और विचारधारा से ऊपर उठकर मुक्तिदाता के रूप में देखते थे। यही निष्पक्षता और तर्कशीलता उनकी रचनाओं की खास पहचान है।

गब्बीलम (चमगादड़) को जशुआ की महानतम कृति माना जाता है। 1941 में प्रकाशित होने के बाद इसने पूरे तेलुगु साहित्यिक समाज में खलबली मचा दी थी। उस समय तक तेलुगु साहित्य रूमानी विषय वस्तु में डूबा हुआ था और इसमें किसी प्रकार का गंभीर

सामाजिक सरोकार नहीं दिखाई देता था। *गब्बीलम* एक काव्य संग्रह है जिसमें दलितों से संबंधित हर तरह के सामाजिक-आर्थिक और राजनीतिक मुद्दों के बारे में चर्चा मिलती है। उनकी हर कविता में वेदना, हताशा और गुस्से का स्वर सुनाई देता है। उनकी कविता में दलितों की ज़िंदगी के दैनिक कटु अनुभवों का वास्तविक चित्रण किया गया है। उन्होंने जातिवादी विचारधारा के प्रभुत्ववादी नज़रिए और इसके ढोंग को बेरहमी से उकेरा है।

उन्होंने लिखा है:

'सिल दिए मेरे होंठ कर्मवाद के सिद्धांत ने,
नीच अनुयायी कर रहे हैं मौज, मेरी ज़िंदगी की कीमत पर
कहो ईश्वर से करें उद्घाटित सत्य-
कर्म का अर्थ क्या और क्यों है इसे मुझसे इतनी शिकायत।'

दलितों और हिंदू धर्म के बीच के शोषणपूर्ण रिश्तों के बारे में वह लिखते हैं:

'दलितों का खून पीकर जीता है
लोहे के टखनों वाला राक्षस
हवा की खुशबू सूंघकर फुफकारता है गुस्से में
चार फनों वाला हिंदू नाग।'

जशुआ एक विचारक हैं जिसके पास भारत की सामाजिक विसंगतियों का जवाब मौजूद है।

डॉ. के. बालागोपाल, वकील, लेखक, कार्यकर्ता

9 अक्टूबर 2014

के. बालागोपाल (1952-2009) को याद करते हुए।

वे मानवाधिकार कार्यकर्ता थे। एक महान मनुष्य, बिना थके सच्चे अर्थों में समतामूलक समाज के लिए संघर्ष करने वाले व्यक्ति। वे प्रतिभाशाली विद्वान थे। उन्होंने आरईसी वारंगल से गणित में डॉक्टरेट की उपाधि प्राप्त की थी। पोस्ट डॉक्टोरल उपाधि उन्हें दिल्ली के भारतीय सांख्यिकी संस्थान से मिली थी।

वह काकतिया विश्वविद्यालय में गणित के प्रोफेसर के तौर पर काम करते थे। ऑपरेशन ग्रीनहंट के दौरान सरकार द्वारा नक्सलियों को मुठभेड़ के नाम पर मारा जा रहा था। इसके ख़िलाफ़ आवाज़ उठाने और जांच करने के उद्देश्य से उन्होंने अपनी आरामदेह नौकरी छोड़ दी। आज उन्हें सिर्फ एक कम्युनिस्ट के रूप में दिखाने की कोशिश हो रही है लेकिन अविभाजित आंध्र प्रदेश में लोकतांत्रिक वामपंथ की मौलिक संरचना के बारे में उनकी प्रसिद्ध आलोचना इस बात को गलत साबित करती है। वह सीपीएम और तेलुगु देशम

के बीच गठबंधन के मुखर विरोधी थे। यह उनके लेखन और भाषणों में साफ-साफ दिखाई देता है। उन्हें द्वंद्वात्मक विचारधारा के आधार पर भौतिकतावादी दृष्टिकोण रखने वाला व्यक्ति माना जाता था। लेकिन कुछ ऐसे मुद्दे भी थे जो मार्क्सवादी सिद्धांत की सीमाओं के बाहर थे जैसे कि ग्रामीण भारत की जटिल सामाजिक संरचना। बालागोपाल इन मुद्दों को सामने लाने वाले लोगों में थे।

अपने लेखों में वह आरक्षण की आवश्यकता पर बहुत ज़ोर देते थे। वह तेलुगु देशम के शासन के दौरान आरक्षण विरोधी आंदोलनों का भी बौद्धिक स्तर पर विरोध करते थे (जन्म से वे ब्राह्मण थे)। बाद में चलकर उन्होंने क़ानून की पढ़ाई की और समाज के वंचित वर्गों और क्रांतिकारी वामपंथ से सहानुभूति रखने वालों को क़ानूनी मदद दी। 8 अक्टूबर 2009 को बालागोपाल सर ने आखिरी सांस ली। वे हमारे लिए न जाने कितनी यादें छोड़कर गए है और उतने ही काम जिन्हें आगे ले जाने की ज़िम्मेवारी हमारे ऊपर है। क्षेत्रीय राजनीति के मूल तत्वों को समझने के लिए जाति, वर्गीय संरचना तथा सांस्कृतिक राजनीति के बारे में उनके लेख हमारे लिए संदर्भ स्त्रोत का काम करते हैं। उन्होंने सार्थक जीवन जीया। अपने जीवन और मौत दोनों ही में उन्होंने समतामूलक तथा समावेशी समाज की कल्पना का साथ कभी नहीं छोड़ा।

स्टीफन हॉकिंग

15 जुलाई 2014

दुनिया में कुछ ऐसे लोग हैं जिन्हें देखकर मैं आश्चर्य करते हुए कभी थकता नहीं। स्टीफन (हॉकिंग) का नाम इनमें सबसे ऊपर है।

14
शुरुआती जीवन

रोहित ने मुस्कुराते हुए 2008 में अपने लेखन की शुरुआत की। उस समय वह कुछ अलग किस्म का नौजवान था। उसे माइंडजोल्ट पर गेम खेलना और माइकल जैक्सन के गाने सुनना पसंद था। यह दौर 2009 तक जारी रहा। 2010 में जब उसने हैदराबाद विश्वविद्यालय में दाखिला लिया तो उसने लिखा, 'यहां का माहौल अद्भुत है।' उसने नए दोस्त बनाने की उम्मीद पाल रखी थी। जिस इंसान ने आगे चलकर राष्ट्र और राष्ट्रवाद की आलोचना की उसने 15 अगस्त 2011 में भारत के लिए शपथ का एक हिस्सा साझा किया, 'भारत मेरा देश है... '। जिस लड़के ने बाद में सार्वजनिक स्थानों पर धार्मिक आयोजनों का विरोध किया था उसी ने 2012 में अपने दोस्तों के साथ मिलकर होली मनाई थी। लेकिन उसके अंदर कुछ ऐसा था जो कभी नहीं बदला- न्याय के लिए संघर्ष। आम आदमी पार्टी को देखकर उसे सामाजिक परिवर्तन की संभावना नज़र आई। उसे बलात्कार की संस्कृति से नफरत थी। नई दिल्ली में ज्योति सिंह (निर्भया बलात्कार तथा हत्याकांड) के बलात्कार एवं हत्या के ख़िलाफ़ उसने आवाज़ उठाई थी। 2012-13 में उसने एसएफआई के लिए ऑनलाइन प्रचार भी किया था। उसे उम्मीद थी कि इससे एक नए भविष्य को बनाने में मदद मिलेगी।

i) 2009-10

अप्रैल 2009 में उसने लिखा था 'अरे, मुझसे कोई बात करो यार...मैं इस फेसबुक साइट को समझ नहीं पा रहा हूं।' दो महीने के अंदर वह फेसबुक की खूबसूरती का कायल हो चुका था। अपने लड़कपन के जोश में वह फेसबुक के क्विज़ में भी शामिल हुआ था कि उसकी गर्लफ्रेंड कौन होने वाली है। 2009 में फेसबुक में शामिल होने के बाद वेमुला ने लिखा था, 'ओहो...मस्त...मेरी अबतक ऐसी कोई गर्लफ्रेंड नहीं जिसका नाम अंग्रेज़ी के N से शुरू होता हो। शायद भविष्य में मेरी उससे मुलाकात हो'।

26 जून 2009

'धूमकेतु की तरह शाम के आकाश में चमकता...गुज़र गया वह बहुत जल्द...जैसे हो इंद्रधनुष पलभर में गायब..बहुत जल्द गायब...' माइकल जैक्सन

28 जून 2009

अब मैं *मगधीरा* गाने डाउनलोड कर रहा हूं... गैरक़ानूनी तरीके से...:D

30 जून 2009

[ऑनलाइन गेम के दौरान अपनी एक दोस्त से बातचीत करते हुए-संपादक]

देखिए मैडम :D ...आपके लिए मैं रोहित हूं। मैंने पिछले सप्ताह के आपके स्कोर से बेहतर स्कोर बनाया है और आपके पहले के किसी रेकॉर्ड से बेहतर।

ii) 2011

हल्के-फुल्के तथ्यों वाले वीडियो, डांस का एक तरीका जो उसे मज़ेदार लगा या कोई गाना जो उसे पसंद आ गया। अन्ना हज़ारे का आंदोलन जब अपने शिखर पर था तो दूसरे नौजवानों की तरह वेमुला भी भ्रष्टाचार के ख़िलाफ़ मुखर था। विश्वविद्यालय में अपने विज्ञान के क्लास के बारे में वेमुला के सिर पर जुनून सवार था। क्रिकेट मैच में अच्छा प्रदर्शन करने के बाद वेमुला ने खुद से वादा किया कि वह अगली बार ठीक से पढ़ाई करेगा। उसे लड़कियों के साथ रहना अच्छा लगता था। वह कैंपस में घूमना पसंद करता था। वह दूरदर्शन के जंगलबुक का थीम सॉन्ग गुनगुनाया करता था। उसे फोटोग्राफी, जन्मदिन मनाना, 2011 के विश्वकप क्रिकेट में सचिन तेंदुलकर

के प्रदर्शन, एमिनेम, ब्रिटनी स्पीयर्स, रणबीर कपूर, इमरान खान तथा महेश बाबू पसंद थे। कभी कभी उसे विश्वविद्यालय में लगता था जैसे वह भीड़ में अकेला इंसान हो।

7 मार्च 2011

परीक्षा ठीक नहीं गई। अगली परीक्षा से अच्छे ढंग से तैयारी करनी होगी ☺:D :D

9 मार्च 2011

आज हमने ड्रोसोफिला प्रजनन संबंधी प्रयोग किया...मैं अगले जन्म में ड्रोसोफिला मक्खी बनना चाहता हूं।

11 मार्च 2011

जापान में भयंकर भूकंप और सुनामी आया है। उम्मीद करता हूं कि प्रकृति इस नन्हें से, परिश्रमी और खूबसूरत देश पर अपना क्रोध दिखाना बंद करेगी।

19 अप्रैल 2011

[भारत के समाज, जो एक साथ आधुनिक और परंपरागत दोनों ही

है, की विविधता, के बारे में एक वीडियो के बारे में- संपादक]

मुझे गर्व है कि मैं भी अजीब भारतीयों में शामिल हूं।

'भारतीय होने पर मुझे गौरव है।'

15 अगस्त 2011

भारत मेरा देश है। सभी भारतीय मेरे भाई और बहन हैं।

मैं अपने देश से प्यार करता हूं। मुझे इसकी समृद्ध और विविध विरासत पर अभिमान है।

मैं हमेशा इसके लायक बनने की कोशिश करूंगा।

मैं अपने माता-पिता, शिक्षक और अपने से बड़े लोगों की इज़्ज़त करूंगा और सबके साथ शिष्टाचार से पेश आऊंगा।

अपने देश और अपने लोगों के लिए समर्पित होने का मैं वादा करता हूं।

उनकी समृद्धि और खुशहाली ही में मेरी भी खुशी है।

15 अगस्त 2011

आज के दिन मैं देश के असली नायकों को याद करता हूं- क्रिकेट खिलाड़ियों और फिल्म के कलाकारों को नहीं।

असली हीरो जिन्होंने अपनी व्यक्तिगत ज़िंदगी, चाहतों और

पसंद को सिर्फ हमारी सुरक्षा के लिए त्याग दिया। वे कोई और नहीं बल्कि भारतीय सेना के जवान हैं। आज़ाद भारत के 65 साल के इतिहास के असली देशभक्त।

15 अगस्त 2011

[एक वीडियो शेयर करते हुए- संपादक]

आपने आखिरी बार इस जोश के साथ कब राष्ट्रगान गाया था???

iii) 2012

जो वेमुला बाद में चलकर आंबेडकर स्टूडेंट्स एसोसिएशन के साथ मृत्युदंड का विरोधी बना वह 2012 में मृत्युदंड के पक्ष में बोलता था। एक छात्र के तौर पर वेमुला पूरे विश्वास के साथ बलात्कार और महिलाओं के यौन उत्पीड़न के ख़िलाफ़ लिखता था। इस दौर में वेमुला मानता था कि बलात्कारियों को कड़ी से कड़ी सज़ा मिलनी चाहिए। उसने ज्योति सिंह के बलात्कार और नृशंस हत्या के आरोपी को फांसी की सज़ा देने के आवेदन पर भी दस्तखत किए थे। वह आम आदमी पार्टी का समर्थक था और राष्ट्रवाद के मुद्दे पर अनेकता में एकता जैसे नारों का समर्थन करता था। वह सेक्सकर्मियों के समर्थन में आयोजित

'स्लट वॉक' का समर्थक था और बाल श्रम को पुरज़ोर विरोधी भी। वह आरक्षण का भी जमकर समर्थन करता था। 14 सितंबर 2012 को उसने इंडिया अनटच्ड का एक वीडियो शेयर किया जिसमें जाति पर आधारित भेदभाव का विरोध किया गया था। इसे शेयर करते हुए उसने लिखा था, 'उन रचनात्मक लोगों के लिए जो आरक्षण व्यवस्था के बारे टिप्पणी करते हैं और इसे समाप्त करने के ख़िलाफ़ संघर्ष करते हैं।'

ज्योति सिंह

19 दिसंबर 2012

[दिल्ली गैंगरेप के आरोपियों को सज़ा दिलवाने के विषय में – संपादक]

इस मामले में दोषियों को कम से कम मौत की सज़ा होनी चाहिए। सरकार को यह कदम तो उठाना ही चाहिए। आज तक इस केस का फैसला नहीं आया है! देश और इसके नागरिकों को शर्म आनी चाहिए। हम बिजली, भोजन, मनोरंजन, स्वास्थ्य, दवाओं, यंत्रों, पानी, ज़मीन और यहां तक कि नमक के लिए भी टैक्स देते हैं। लेकिन इसके बदले में हमें मिलती है अपनी और अपने बहनों की ज़िंदगी के लिए लापरवाही और अपमान! दोस्तो आगे आओ। ऐसे वक्त में चुप रहना

ऐसी घटनाओं को बढ़ावा देने के बराबर है। अपनी आवाज बुलंद कीजिए। बदलाव लाने वाला इंसान बनिए। मेरा आग्रह है।

22 दिसंबर 2012

बलात्कार एवं भ्रष्टाचार के आरोपियों और दोषियों की पुलिस के द्वारा पिटाई हम कब देखेंगे? हमारे देश में आम नागरिक होना क्या अपराध है? क्या हमने सरकारों को इसी बर्ताव के लिए चुना है? पुलिस ने लालू प्रसाद यादव, कसाब या कलमाड़ी की इसी तरह क्यों नहीं पिटाई की थी?

23 दिसंबर 2012

आज हमने देश भर में लड़कियों को प्रताड़ित किए जाने के ख़िलाफ़ कैंपस में कैंडल मार्च निकाला। हम पीड़ितों को तुरंत न्याय दिए जाने की मांग करते हैं और उम्मीद करते हैं कि नई दिल्ली में जैसी भयंकर घटना घटी वह और कहीं नहीं दुहराई जाएगी।

23 दिसंबर 2012

[दिल्ली सामूहिक बलात्कार के ख़िलाफ़ प्रदर्शन कर रहे लोगों पर पुलिस द्वारा लाठी बरसाए जाने की घटना के संदर्भ में- संपादक]

क्या कसूर है इन लोगों का? उन्होंने बलात्कार पीड़िता के लिए न्याय मांगा इसलिए? दोस्त, वे भी हमारी आपकी तरह हैं। वे हमारे दोस्तों और बहनों के लिए लाठियां खा रहे हैं। दूसरों के साथ इस शर्मनाक घटना की खबर को साझा कर उनका साथ दीजिए। सरकार द्वारा संगठित गुंडागिरी के इस कारनामे की निंदा कीजिए। हमारे बेहतर भविष्य के लिए अपनी आवाज़ को दिल्ली तक पहुंचाइए। हमारी बहन, जिसके साथ छह लोगों ने जघन्य कर्म किया, उसे न्याय दिलवाने के लिए दिल्ली के विरोध प्रदर्शनों में हिस्सा ले रहे साथियों को मैं सलाम करता हूं।

24 दिसंबर 2012

कल सचिन के रिटायर होने की खबर के बाद मैंने जो सबसे अच्छा ट्वीट देखा वह था, 'माफ करना सचिन, अभी हमारी बहनों को समर्थन देने का वक्त है। मैं इसके बारे में आपसे बाद में बात करूंगा।'

यह ट्वीट अर्थपूर्ण है।

29 दिसंबर 2012

संघर्ष समाप्त हो चुका है...एक मासूम बच्चा हमारी दुनिया के अंधकार

से हार गया। वह अपने मां बाप की दुलारी बेटी हो सकती थी। अब मौत ही उसका एकमात्र साथी है। उसके दोस्त और पड़ोसी शायद उसकी तारीफ करते लेकिन आज उनके पास केवल उसकी यादें ही बची हैं। दुखद, दिल को दहला देने वाली यादें, साथ बिताए पलों की यादें।

न्याय की प्रतीक्षा में मौत ने कुछ दिनों इंतज़ार किया। मौत ने देखा होगा कि हमारे नेता किस तरह इस लड़की के आखिरी पलों में भी राजनीति से बाज़ नहीं आए। मौत ने सोचा होगा कि शायद उसकी दुनिया हमारे देश से ज़्यादा सुरक्षित है।

इस लड़की ने शायद फैसला कर लिया होगा कि अब वह हमारे देश में दुबारा जन्म नहीं लेगी। शायद उसने जिरह की होगी कि अगले जन्म में उसे लड़की न होना पड़े।

भारत- जहां 545 चुने हुए प्रतिनिधि हैं जिसमें 33 प्रतिशत महिलाओं का प्रतिनिधित्व है, वह भी इस लड़की का साथ नहीं दे सका। एक देश जहां राजनेता चुने हुए दलालों की तरह आचरण करते है, जहां बिना रिश्वत के कुछ भी नहीं होता। एक देश जहां छात्र शर्माते हैं, वे डरे रहते हैं, और आवाज़ उठाने से हिचकिचाते हैं। एक ऐसा देश जहां के शिक्षित बुद्धिजीवी मशीन की तरह पैसे के पीछे भागते हैं। ऐसे हमारे देश में, मौत ही हमारी रक्षा कर सकती है।

उसकी आत्मा को शांति मिले और हमारी मानवता और देश की ईमानदारी को भी।

iv) 2013

2013 में वेमुला पूरी तरह से एसएफआई कैडर था जो इसके विरोध प्रदर्शनों, कार्यक्रमों, चुनाव अभियानों तथा सामाजिक बैठकों में भी हिस्सा लेता था। वह दलितों की तरफ़दारी करने वालों जैसे आंबेडकर स्टूडेंट्स एसोसिएशन की भी आलोचना करता था जो एसएफआई का विरोधी संगठन था।

हां, वेमुला सांप्रदायिक राजनीति का शुरू से विरोधी रहा था और वह भाजपा का कटु आलोचक था। उसने 2013 में भविष्यवाणी की थी कि यह पार्टी 2014 के लोकसभा चुनावों में भारी मतों से वापस आएगी। 2013 का अंत आते-आते वह आंबेडकर स्टूडेंट्स एसोसिएशन की तरफ आकर्षित हुआ और उसने मणिपुर की इरोम शर्मिला जैसे आंदोलनों को समर्थन देना शुरू किया। उसके होस्टल की दीवार पर तेलुगु कवि गुर्रम जशुआ की क्रांतिकारी पंक्तियां लिखी हुई थी। अपनी तस्वीर को ऑनलाइन अपलोड करते हुए वेमुला ने लिखा था, 'अपनी तस्वीरें अपलोड करना कभी कभी अजीब सा पागलपन लगता

है। इसके लिए आप कमरे के अंदर भी धूप का चश्मा पहनने लगते हैं।'

21 सितंबर 2013

कल की आमसभा में मैंने वैचारिक और मौलिक रूप से एक दूसरे से बेमेल राजनीतिक दलों को साथ आते देखा। इसके बाद मेरे सबसे बड़े संदेह से पर्दा उठ गया कि इतनी जन-क्रांतियों के बावजूद किस प्रकार एक अत्यंत छोटा सा वर्ग सांस्कृतिक रूप से विविध इस देश में राजनीतिक सत्ता पर काबिज हो सकता है। मैंने अंग्रेज़ों के द्वारा इस्तेमाल की जाने वाली चालों के बारे में बहुत पढ़ा है कि वे किस तरह बड़े-बड़े विद्रोहों को ध्वस्त कर देते थे लेकिन कल मैंने मीटिंग में जो कुछ भी देखा वह अनमोल अनुभव था। दलित समर्थकों ने जिस प्रकार प्रतिक्रियावादी पार्टियों के साथ निर्ल्लजतापूर्वक अपवित्र गठबंधन बनाया वह ऐसा अनुभव था जिसे किसी पार्टी क्लास में सीखना संभव नहीं।

विचारधाराओं के घालमेल और राजनीतिक शक्ति के दुरुपयोग से भगवा और पूंजीवादी छात्र संगठनों ने लोकतंत्र को पराजित कर दिया। इस प्रक्रिया में शोषितों ने उनकी ढाल का काम किया।

25 अक्टूबर 2013

एसएफआई की महिला अध्यक्ष ने कैंपस को पहला महिला अध्यक्ष देने का वादा किया है। कैंपस के सबसे ताकतवर संगठन के तौर पर एसएफआई ने जेंडर की सीमाओं को तोड़ते हुए, पितृसत्तात्मक आचरण से ऊपर उठकर और हर साल दुहराई जाने वाली रूढ़िवादी परंपराओं से हटकर यह ऐतिहासिक और लंबे समय तक याद रखा जाने वाला फैसला लिया है।

एसएफआई इस नारे में यकीन करती है कि सिर्फ बातें न करो बल्कि इस अपना कर दिखाओ। यह मलाला, आंग सान सू ची, इरोम शर्मिला, क्रिस्टिना फर्नांडीज़, जोहाना, थोर्निंग शिमट, डिलमा रुसेफ, वृंदा करात जैसी दुनिया भर में संघर्ष कर रही महिला नेताओं के साथ-साथ हमारी माताओं और बहनों के प्रति भी श्रद्धांजलि है। भारत और दुनिया में अन्य स्थानों पर हमले की शिकार महिलाओं को याद करते हुए हम यह संदेश देना चाहते हैं कि महिलाएं नेतृत्व कर सकती हैं और चुनावों में अपने पुरुष प्रतिद्वंद्वियों के ऊपर जीत भी हासिल कर सकती हैं।

8 दिसंबर 2013

चार राज्यों के विधानसभा चुनावों ने भ्रष्ट कांग्रेस के मुंह पर एक

करारा तमाचा जड़ा है। दिल्ली के अलावा किसी भी राज्य में लोगों के पास भाजपा का विकल्प नहीं था। वैसे तो हम उच्च मध्यवर्ग की स्वाभाविक अवसरवादिता से प्रभावित मतदाताओं के रुझान की आलोचना कर सकते हैं लेकिन हमें वामपंथी पार्टियों की भी आलोचना करनी होगी जो अपने को विकल्प के रूप में स्थापित नहीं कर पाई हैं। जो परिवर्तन या मॉडल आम आदमी पार्टी ने उपस्थित किया है वह वामपंथी पार्टियों की तरफ से आना चाहिए था। खैर, लगता है कि 1989 की ही तरह भाजपा के मज़बूत होने से हमें कठिन दौर का सामना करना पड़ सकता है। ज़मीनी तौर पर सक्रियता बढ़ाने का वक्त आ गया है। सुविचारित क्रांति लाने का समय आ चुका है। इन्कलाब ज़िंदाबाद।

1 नवंबर 2013

हैदराबाद विश्वविद्यालय छात्रसंघ में पहली बार महिला अध्यक्ष चुने जाने के महान स्वप्न को सफल बनाने की प्रक्रिया में साझीदार होने का मुझे गौरव है।

हैदराबाद विश्वविद्यालय की एसएफआई इकाई ने 2013-14 के छात्रसंघ चुनावों में जनता का विश्वास हासिल किया है। हालांकि हैदराबाद विश्वविद्यालय की राजनीतिक धारा एसएफआई और

एसएफआई विरोधी दो खेमों में बंट गई, एसएफआई के कैडरों को अपमान और चोटों का सामना करना पड़ा, संघियों के हाथों व्यक्तिगत हमलों और झूठे मुकदमों से जूझना पड़ा लेकिन बदले में एसएफआई ने कभी अशिष्ट तौर तरीकों का इस्तेमाल नहीं किया। इसने लोकतांत्रिक संघर्ष के तौर-तरीकों से कभी मुंह नहीं मोड़ा और स्वस्थ राजनीतिक बहसें जारी रखी। यह जीत हमारे धैर्य और सिद्धांत पर डटे रहने की स्वीकृति है।

चुनावों के बाद मेरी इच्छा है कि कैंपस में प्रगतिशील और शोषित वर्गों का प्रतिनिधित्व करने वाली पार्टियां साथ आएं। वे मिलकर अपनी ऊर्जा सांप्रदायिक और रूढ़िवादी ताकतों को अलग-थलग करने के लिए अपनी ताकत का इस्तेमाल करें न कि एक दूसरे को उपदेश देने में वक्त बर्बाद करें।

हमारी लड़ाई शोषकों के ख़िलाफ़ है और हमें यह कभी नहीं भूलना चाहिए कि शोषण की जड़ उपनिवेशवाद और पूंजीवाद के अंदर है।

'आओ साथ मिलकर सर्वहारा की तानाशाही को स्थापित करने के लिए काम करें।'

लेखक परिचय

रोहित वेमुला (26 वर्ष) हैदराबाद विश्वविद्यालय में एक होनहार शोधार्थी और एक छात्र नेता था, जो डॉ. बी.आर. आंबेडकर के जाति के खात्मे की लड़ाई में मजबूती से यकीन करता था। उसे विश्वविद्यालय कैंपस में होस्टल और सार्वजनिक जगहों से बहिष्कृत कर दिया गया था और 17 जनवरी 2016 को अपनी खुदकुशी के बाद वो दलितों के प्रति होनेवाले भेदभाव के खिलाफ व्यापक आंदोलन का चेहरा बन गया। रोहित की मां राधिका वेमुला और उसके छोटे भाई राजा वेमुला उसके इंसाफ़ की लड़ाई लड़ रहे हैं।

संपादक परिचय

निखिला हेनरी हैदराबाद में द *हिंदू* अखबार की पत्रकार हैं। वो छात्र आंदोलनों, आधुनिक अकादमिक जगहों में उथल-पुथल और आंदोलनों की रिपोर्टिंग करती हैं, जहां जाति, वर्ग और लैंगिक भेदभाव अभी भी एक हक़ीक़त हैं। वो यूएस स्टेट डिपार्टमेंट की इंटरनेशनल विज़िटर लीडरशिप फेलो (इन्वेस्टिगेटिव जर्नलिज्म) रही हैं।

अनुवादक परिचय

राजेश कुमार झा का अनुवाद और प्रकाशन के क्षेत्र में लंबा अनुभव रहा है। उन्होंने साहित्य, दर्शन, इतिहास तथा अन्य विषयों पर अनेक पुस्तकों का अनुवाद किया है। सामाजिक विषयों और सा हित्य संबंधी पुस्तकों के अनुवाद में उनकी विशेष रुचि है।